Contabilidade e Finanças para Gestores Não Financeiros

TÍTULO
Contabilidade e finanças para gestores não-financeiros – 2.ª edição

AUTOR
Ilídio Tomás Lopes

CONJUNTURA ACTUAL EDITORA, uma chancela de Edições Almedina
Avenida Emídio Navarro, 81, 3D
3000-151 Coimbra
e-mail: editoras@grupoalmedina.net

DESIGN DE COLEÇÃO
FBA

CAPA
Edições Almedina

PAGINAÇÃO
Aresta Criativa – Artes Gráficas

IMPRESSÃO E ACABAMENTO
Forma Certa Gráfica Digital
maio 2023

DEPÓSITO LEGAL

ACTUAL | GRUPOALMEDINA

BIBLIOTECA NACIONAL DE PORTUGAL – CATALOGAÇÃO NA PUBLICAÇÃO

LOPES, Ilídio Tomás, 1966-

Contabilidade e finanças para gestores não-financeiros : com
casos práticos e exercícios. – (Gestão)
ISBN 978-989-694-758-3

CDU 657

Contabilidade e Finanças para Gestores Não Financeiros

Ilídio Tomás Lopes

ACTUAL

«… Só aquilo que eu próprio quero guardar,
tem o direito de ser guardado para outrem»
Stefan Zweig, *in O Mundo de Ontem*

ÍNDICE

ÍNDICE DE FIGURAS E TABELAS

SIGLAS E ACRÓNIMOS

AE Ativo Económico
AEVA *Adjusted Economic Value Added*
ALD Aluguer de Longa Duração
ASF Autoridade de Supervisão de Seguros e Fundos de Pensões
BCE Banco Central Europeu
BdP Banco de Portugal
CE Comissão Europeia
CEE Comunidade Económica Europeia
CFROI *Cash Flow Return on Investment*
CIPA Custo Industrial dos Produtos Acabados
CIPV Custo Industrial dos Produtos Vendidos
CIVMC Custo dos Inventários Vendidos e das Matérias Consumidas
CLC Certificação Legal das Contas
CMVM Comissão de Mercado de Valores Mobiliários
CNC Comissão de Normalização Contabilística
CSC Código das Sociedades Comerciais
CVM Código dos Valores Mobiliários
CVR Custo – Volume – Resultado
EBIT *Earnings Before Interests and Taxes*
EBITDA *Earnings Before Interests, Taxes, Depreciation and Amortization*
EIP Entidades de Interesse Público
EVA *Economic Value Added*

FCO Fluxo de Caixa das Atividades Operacionais
FML Fundo de Maneio Líquido
GGP Gastos Gerais de Produção
IAS *International Accounting Standards*
IASB *International Accounting Standards Board*
IFRIC *International Financial and Reporting Interpretation Committee*
IFRS *International Financial and Reporting Standards*
IRC Imposto sobre o Rendimento das Pessoas Coletivas
IRS Imposto sobre o Rendimento das Pessoas Singulares
ISA *International Standard on Auditing*
IVA Imposto sobre o Valor Acrescentado
KPI *Key Performance Indicator*
MC Margem de Contribuição
MCR Margem de Contribuição Residual
MD Matérias Diretas
MOD Mão de Obra Direta
MS Margem de Segurança
MVA *Market Value Added*
MVM Mercado de Valores Mobiliários
NCM Norma Contabilística para Microentidades
NCRF Norma Contabilística e de Relato Financeiro
NCRF-ESNL Norma Contabilística e de Relato Financeiro – entidades do Setor Não Lucrativo
NFM Necessidades de Fundo de Maneio
NIC Norma Internacional de Contabilidade
NPV *Net Present Value*
OCDE Organização Cooperação e Desenvolvimento Económico
ONU Organização das Nações Unidas
PB *Payback*
PMP Prazo Médio de Pagamentos
PMR Prazo Médio de Recebimentos
POC Plano Oficial de Contabilidade
PR Período de Recuperação do Investimento
RCP Rendibilidade dos Capitais Próprios

REVA *Refined Economic Value Added*
ROI *Return on Investment*
ROE *Return on Equity*
SIC *Standard Interpretation Committee*
SNC Sistema de Normalização Contabilística
TIR Taxa Interna de Rendibilidade
TL Tesouraria líquida
TSU Taxa Social Única
VAL Valor Atual Líquido
VEC Valor Económico Criado
VMCP Valor de Mercado dos Capitais Próprios

NOTA À 2.ª EDIÇÃO

A obra *Contabilidade e Finanças para Gestores Não Financeiros* nasceu há quase três anos, resultado do contacto direto com turmas de estudantes provenientes das mais diversas áreas do saber, todas elas colaterais às ciências empresariais em geral. Foram exemplos disso o «Mestrado Executivo em Gestão Empresarial para Licenciados Noutras Áreas», da INDEG – ISCTE Executive Education, e o «Mestrado em Direito das Empresas e do Trabalho», da Escola de Ciências Sociais e Humanos do ISCTE – Instituto Universitário de Lisboa. Nas unidades curriculares de «Avaliação da Performance Financeira» e «Contabilidade para Juristas», respetivamente, foi possível encontrar um denominador comum que, inequivocamente, nortearam o nascimento de uma obra desta natureza — a motivação pelo conhecimento de temas de literacia financeira, indispensáveis na esfera individual, mas também como marcadores do início de um caminho para todos aqueles que pretendem aventurar-se pelos domínios da gestão.

Ao longo deste caminho, a obra foi procurando, o que é sempre normal e desejável neste tipo de projetos, consolidar a sua pertinência, ganhar validação e aperfeiçoar-se, tal como todos aqueles que procuram a aprendizagem ao longo da vida. Chegamos aqui com uma obra renovada, não apenas em pequenos pormenores, mas também com novos conteúdos de natureza prática, embora sempre com a abertura de continuar a acompanhar as exigências de um gestor financeiro diferenciado e diferenciador na sua vontade intrínseca de aprender.

Assim, o utilizador desta obra tem agora a oportunidade de exercitar de forma mais profunda e intuitiva os diversos conceitos que compõem cada capítulo, os quais mantêm a essência de serem os alicerces teóricos para um conjunto de tópicos que fazem parte da literacia financeira individual.

Cada edição, nada mais constitui do que um passo em frente na resposta a um conjunto de novas expectativas, mas também na consolidação do valor intrínseco que a obra possa ter para quem a utiliza. Com esta edição, quero deixar expresso o meu mais sincero e profundo agradecimento, principalmente aos estudantes que frequentaram os programas por mim inicialmente referidos, pelo seu contributo, ainda que muitas vezes sem disso se aperceberem, para que, também eu, possa prosseguir o meu próprio caminho de aprendizagem.

Ilídio Tomás Lopes
Fevereiro de 2023.

NOTA INTRODUTÓRIA

A diversidade de públicos (estudantes, professores, gestores, decisores políticos, entre outros) com que nos temos cruzado ao longo dos últimos quase trinta anos, impele-nos agora para a necessidade de criar uma obra que, quer na substância temática, quer na linguagem adotada, possa ir ao encontro das necessidades dos gestores não financeiros. Pretende-se lançar as bases para que possam adotar um quadro referencial e concetual, que possa agilizar a tomada ou a compreensão de elementares decisões de gestão. Procuramos, ao longo desta obra, abordar os pilares estruturantes da contabilidade e das finanças, dotando o leitor de uma linguagem financeira de base, alicerçada na teoria económico-financeira, procurando de uma forma discricionária e discreta, identificar as implicações financeiras das mais diversas decisões de gestão.

Na asserção de que a contabilidade e as finanças podem ser a linguagem dos negócios, a procura de um padrão linguístico que almeje servir de guia à compreensão e estruturação do pensamento, é o trilho que se impõe na tomada de decisões, de forma fundamentada e informada. Assim, o quadro concetual que possa emergir desta obra, para além da utilidade na estruturação do pensamento individual e coletivo, é um mecanismo mitigador da linguagem assimétrica que é intrínseca a todos os domínios do saber. A premissa de que possamos, desejavelmente, alcançar esse padrão linguístico, constitui a génese deste nosso contributo.

O livro encontra-se estruturado em oito capítulos, ordenados da forma que nos pareceu mais lógica, cuja leitura pode ser separada, mas nunca excluindo a existência de relações de causa e efeito que, em cada momento, nos pareceram claras e pertinentes. A articulação entre a contabilidade e as finanças é um exemplo ilustrativo dessa natureza sequencial lógica que, por vezes não convergentes na linguagem, explicam os mesmos contextos e encontram os mesmos paradoxos.

O Capítulo 1 — *Informação Económico-Financeira* — procura sensibilizar o leitor para a utilidade da informação na tomada de decisões, individuais e coletivas, para os constrangimentos decorrentes da assimetria da informação, e para a necessidade de uma linguagem comum que induza, e até incentive, à estruturação dinâmica do pensamento, numa perspetiva económico-financeira. Muitas vezes, gerir informação consiste em, a partir do caos e da abundância, percecionar a utilidade, ponderar o binómio custo-benefício, mitigar as assimetrias e a incerteza, tomar consciência dos conceitos de tempo e de espaço, em suma lidar com um ativo que, nem sempre escasso, pode surgir mascarado de uma verosimilhança pouco sólida e enganadora.

O Capítulo seguinte — *O Relato Financeiro* — é dedicado à compreensão dos principais mapas contabilísticos, à sua estrutura e à sua substância. Numa abordagem globalmente dedutiva, identificaremos os seus objetivos, a sua utilidade intrínseca e a sua importância relativa na tomada de decisões. É neste contexto que procuraremos sensibilizar o gestor não financeiro para o impacto da dinâmica patrimonial das organizações na criação de valor económico, numa lógica de nexo causal com as diversas decisões de natureza operacional, de investimento, ou de financiamento.

A criação de valor económico é caracterizada por uma multiplicidade de dinâmicas que originam variações, muitas vezes de sentidos opostos. Uma dessas variações tem origem numa multiplicidade de custos, resultantes de consumos ou utilizações de bens que concorrem para a criação de valor, tanto interno como externo às organizações. É essa diversidade de dispêndios que abordaremos no Capítulo 3 — *A Tipologia de Custos* — convictos de que o leitor facilmente interiorizará a sua abrangência e o seu impacto.

No Capítulo 4 — *Noções de Matemática Financeira* — traz-se à análise a noção e a importância do valor temporal do dinheiro, procurando identificar e consolidar de forma intuitiva, os mais diversos conceitos que lhe estão intrínsecos. Dedicaremos o capítulo seguinte (*Avaliação da Performance Económico-Financeira*) à identificação de indicadores (KPI – *Key Performance Indicator*) que possam servir de orientação e guia para uma gestão informada, prudente e consciente.

O Capítulo 6 — *Gestão e Controlo Orçamental* — segue uma abordagem puramente prospetiva, no qual os conceitos de orçamento e análise dos desvios, assumem uma especial importância. Intrinsecamente ligado ao tradicional ciclo de gestão (Planeamento — Organização — Direção — Controlo), as dimensões de planeamento e controlo, estruturam globalmente a dinâmica da gestão, proporcionando aos gestores indicações úteis sobre o caminho a seguir, embora o contexto de incerteza e de risco, seja o denominador comum.

O Capítulo 7 — *As Decisões de Investimento* — e o Capítulo 8 — *As Opções de Financiamento* — constituem, do nosso ponto de vista, pontos importantes de chegada, na lógica subjacente à nossa motivação inicial. Decidir será, em quaisquer circunstâncias, uma assunção de risco, o qual nem sempre é potencialmente mensurável. Optando, deixámos para trás a alternativa, por vezes sem possibilidade ou capacidade de a recuperarmos. Por isso, ao basearmos as nossas decisões e opções em informação útil, certamente mitigamos o risco, potenciando a possibilidade de criarmos valor individual e coletivo.

O conteúdo desta obra não esgota as ramificações que uma abordagem contabilístico-financeira possa ter no âmbito das expetativas de um gestor não financeiro. Não estamos perante um domínio do conhecimento ao qual se possa associar uma natureza hermética e simples. Pese embora tenhamos globalmente prosseguido com recurso a desenvolvimentos simplistas, não podemos retirar a natureza deveras complexa que as decisões de gestão possam assumir. Assim, o quadro concetual que daqui possa emergir deve ser usado como simples ferramenta utilitária, incorporada na complexa psicologia do decisor, influenciada pela dinâmica dos contextos, por vezes adversos e de contornos pouco definidos, embora convergente no propósito de criar uma linguagem comum em entendimentos diversificados e descentralizados. É a noção de utilidade que norteou os desenvolvimentos plasmados ao longo dos oito capítulos que compõem a obra. É essa mesma utilidade que esperamos que seja materializada nas decisões que venham a ser tomadas pelos seus diversos leitores.

Ilídio Tomás Lopes
Julho de 2020

Capítulo 1
Informação Económico-Financeira

1.1. A UTILIDADE DA INFORMAÇÃO

O conceito de *Utilidade* (do Latim *Utilitāte-*) expressa, na sua asserção económica, a qualidade de um bem ou serviço que o torna apropriado para satisfazer os desejos dos agentes económicos, sejam eles de natureza objetiva ou subjetiva. Traduz, intrinsecamente, o valor de alguma coisa face à oportunidade de satisfazer uma necessidade, podendo a *Informação* ser, *per si*, essa mesma coisa, ou a própria informação, a necessidade objetiva.

A *Informação* resulta da transformação dos dados, através de processos dinâmicos que lhes incorporam significado, relevância e propósito. Os dados, por vezes indistintos e indiferenciados, embora incorporando objetividade, apresentam-se muitas vezes como descritivos e tipificando situações e acontecimentos, mas não encerram em si mesmo, juízos de valor e interpretações, conducentes a uma determinada tomada de decisão. Este processo de transformação dinâmica nem sempre se desenvolve de forma linear, dependendo de filtros que lhe possa incutir sentido e lógica. O significado e estruturação que daí possam resultar, representam a objetivação primária do valor intrínseco da informação, cuja cadeia de transformação dinâmica será subsequentemente materializada em conhecimento e saber.

A *Gestão da Informação* (*latu sensu*) traduz, tanto na esfera individual como na esfera coletiva, o processo de criação/recolha e utilização de informação, cuja disponibilidade nem sempre é caracterizada pela escassez, de forma adequada e oportuna. Pode ser entendida como um sistema integrado, cujos processos de captação e criação (condensação, correção, contextualização, cálculo), são materializados em repositórios discretos, tanto na sua dimensão tácita como explícita.

O paradigma da utilidade da informação na tomada da decisão é hoje um dos principais tópicos na arquitetura dos processos de captação, criação e divulgação informativa, tendo como pilares os atuais conceitos de tempo e de espaço. As mudanças profundas que se têm verificado nas economias em geral e nos modelos de negócio em particular, requerem que a informação seja disseminada de forma atempada, indo de encontro às expetativas dos seus potenciais utilizadores.

1.2. A UTILIDADE DO RELATO EMPRESARIAL

O relato empresarial (*latu sensu*) pode ser entendido como um conjunto agregado de informações financeiras e não financeiras que proporcionam uma compreensibilidade, igualmente integrada, das atividades de uma determinada organização, permitindo uma avaliação do seu desempenho económico-financeiro em termos temporais e em determinado contexto. Em sentido estrito, poderá ser entendido como a expressão financeira dessas atividades (reporte financeiro), geralmente materializado sob a forma de demonstrações financeiras, complementadas por um conjunto de mapas financeiros que permitem avaliar a sua posição financeira num determinado momento, o seu desempenho e as alterações naquela posição financeira durante um determinado período. Atendendo à sua amplitude e substância intrínsecas, deve ser adaptado às necessidades dos utilizadores da informação, procurando sempre melhorar a qualidade da informação.

Numa perspetiva mais abrangente, e numa lógica de gestão estratégica, sublinhamos que o relato integrado de uma organização está assente em oito tipos de informação complementares: **1.** Visão geral organizacional e do seu ambiente externo; **2.** Governo societário; **3.** Modelo de negócios; **4.** Riscos e oportunidades na geração de valor; **5.** Estratégia e afetação de recursos; **6.** Desempenho organizacional; **7.** Posicionamento prospetivo; **8.** Base para apresentação do relato integrado. Esta informação proporcionará ao utilizador uma visão dinâmica, tanto numa lógica de gestão corrente como numa lógica de gestão estratégica.

A identificação da diversidade de utilizadores da informação não pode ser efetuada tendo por base quaisquer pressupostos que lhe incutam uma natureza hermética ou discricionária. Os utilizadores da informação, efetivos ou potenciais, são aqueles que a utilizam na tomada de decisões, seja a título individual ou coletivo, ou simplesmente como base de autoconhecimento e sensibilização contextualizada. Identificamos na Figura 1.1 a tipologia, ainda que adaptada, da diversidade de utentes da informação, que os principais normativos contabilísticos consagram de forma expressa.

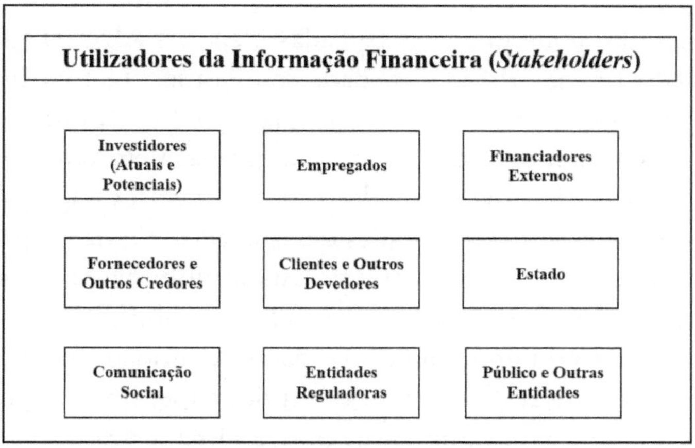

Figura 1.1 – Os utentes da informação financeira

Os utilizadores da informação financeira são de natureza diversa embora prevaleçam, no âmbito daqueles normativos contabilísticos, os utilizadores externos (clientes, fornecedores, entidades governamentais, empregados, investidores, mutuantes e público em geral). Contudo, não podem ser ignorados os utilizadores internos (órgãos de administração e fiscalização, gestores, etc.) pois são estes que, primariamente, suportam as suas decisões correntes e de longo prazo no valor e na evolução dos mais diversos indicadores económico-financeiros. Claro que a contabilidade analítica ou de gestão proporciona uma informação mais rica do ponto de vista interno, pois a contabilidade de gestão caracteriza-se, entre outros aspetos, por proporcionar aos responsáveis internos descentralizados elementos fiáveis que lhes permitam tomar decisões, sejam de natureza operacional, de investimento, ou de financiamento. Ainda assim, não se pode secundarizar a importância da informação económico-financeira ao nível interno, porquanto em muitos casos representa a única fonte de informação credível.

Caracterizar o que se entende por «qualidade do relato» é uma discussão complexa e cujos entendimentos são afetados pela multiplicidade percetiva e pela diversidade das necessidades informativas. Associamos a essa qualidade, a utilidade da informação ao concorrer para o suporte de decisões, independentemente do seu utilizador. Ainda que a teoria económica estabeleça que a assimetria da informação tem sempre consequências privadas e sociais adversas, a procura de um relato financeiro de qualidade tem como objetivo mitigá-las. A este propósito, refere a Normal Internacional de Auditoria n.º 315 (ISA 315) que a qualidade da informação gerada, afeta a capacidade dos órgãos de gestão de uma entidade tomarem decisões apropriadas na gestão e no controlo das atividades dessa entidade e na preparação de relatórios financeiros fiáveis. Importa ainda sublinhar que a utilidade da informação surge igualmente associada à possibilidade de poder ser comparada, quer no tempo quer no espaço. A entidade necessita compreender a sua posição financeira, o seu desempenho económico e as alterações que se verificaram na sua posição financeira.

As dificuldades emergentes dos normativos ao nível da mensuração e valorização dos ativos e passivos não podem constituir uma escusa para a sua não inclusão no relato empresarial. Neste contexto, assumimos ser um relato de qualidade, aquele que esteja em linha com o estipulado na estrutura conceptual dos normativos contabilísticos, ou seja, que garanta a compreensibilidade, a relevância, a fiabilidade e a comparabilidade da informação.

A discricionariedade que o conceito de «utilidade da informação» pode incutir no espectro da multiplicidade de utilizadores, fez emergir um conjunto de características que, num contexto normativo contabilístico, proporcionam as bases para a avaliação, ainda que de subjetividade mitigada, daquilo que poderá ser entendido como um relato financeiro de qualidade. Assim sendo, a Figura 1.2 evidencia quatro características qualitativas da informação, estando associados a algumas delas, um conjunto de atributos sobre os quais faremos alguns breves apontamentos.

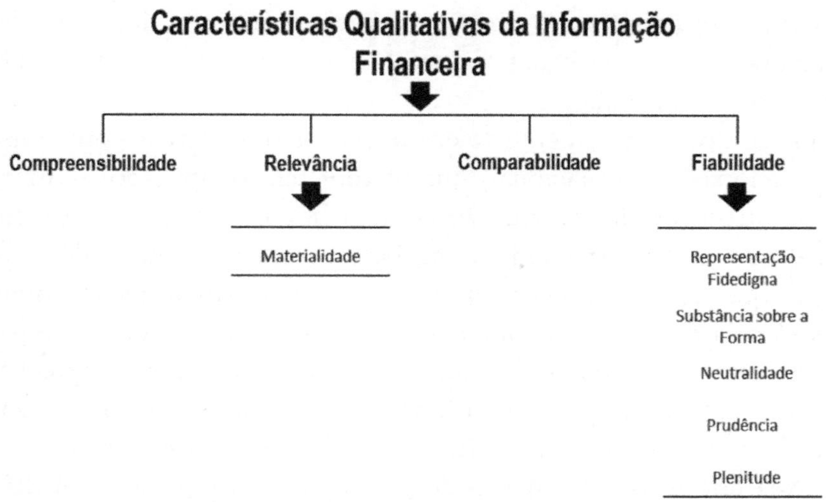

Figura 1.2 – Características qualitativas da informação

A característica da compreensibilidade procura dotar os utentes da informação de um razoável conhecimento das atividades e da contabilidade da organização. Independentemente da sua complexidade e amplitude, a informação deve ser divulgada para que os utentes possam suportar as suas decisões. Claro está que, neste contexto, emerge a problemática da materialidade, atributo secundário da informação, porém intrinsecamente associado à relevância informativa. Tal como as demais características, consideramos que tanto a suficiência como a adequação da informação, determinam a qualidade do relato financeiro. As divulgações preconizadas em cada norma são o exemplo de que a amplitude e substância do relato aparece agora com uma qualidade manifestamente superior.

Influenciar as decisões de gestão, tanto na perspetiva histórica como prospetiva, incute relevância à informação. Na verdade, a relação dicotómica entre o seu caráter confirmatório e preditivo, são estruturantes numa análise integrada do relato financeiro. A fiabilidade surge associada ao facto de a informação estar desprovida de erros materiais, de omissões (plenitude), de preconceitos ou juízos de valor prévios (neutralidade) capazes de manipular a representação fidedigna. Porém, os preparadores dessa informação não podem ser alheios a incertezas fundamentais (prudência) nem à substância económica das transações, ainda que a sua forma legal possa ser secundarizada (postulado da substância sobre a forma).

Tal como anteriormente referido, são os normativos contabilísticos (nacional e internacional) que melhor têm delimitado os atributos da qualidade da informação contabilístico-financeira, porquanto constituem linhas orientadoras de base para a preparação de informação que seja globalmente credível. Contudo, sinalizamos também a existência de outros atributos, explanados noutros diplomas legais, e que constituem contributos adicionais para a melhor compreensão dos conceitos de qualidade e utilidade. Referimos, a título de exemplo, o *Código dos Valores Mobiliários* (CVM), onde no seu artigo 7.º, se expressa que uma informação de qualidade é completa, verdadeira, atual, objetiva e lícita. Pode associar-se ao facto de a informação ser completa, o cumprimento da asserção da integralidade ou da plenitude, enquanto a sua licitude está associada ao facto de a mesma encontrar oposição legal, a assunção de que a mesma é permitida ou admissível. A sua veracidade e objetividade surgem associadas à sua natureza concreta, à sua clareza, à sua consistência e à sua precisão. Extensivamente, assumimos que a informação é atual quando é a mais recente, ou a mais recentemente conhecida no contexto em que se aplica.

Ao longo deste capítulo, usámos o termo *Informação* de forma genérica e abrangente. Pela sua amplitude e subjetividade, deve ser entendido como uma representação simbólica de um conjunto de factos e/ou acontecimentos, objetos ou fluxos, que constituem na sua essência, o real percetível. Resulta do processo em que os dados adquirem significado, fluindo nas organizações através de múltiplas redes (incluindo as sociais), formais e informais, utilizando múltiplos filtros, dos quais se destacam os filtros de categorização e de condensação. É nesta base multidimensional que a produção de informação (financeira e não financeira), por parte das organizações, constitui uma das matérias primas essenciais para o suporte à decisão. Decorrente da sua génese obrigatória ou voluntária, a sua utilização pode ser transversal ao sistema de valor em que as organizações operam, afetando múltiplas dimensões do risco, entre as quais a dimensão do risco reputacional.

Dedicaremos os próximos capítulos à concretização dos pilares da dimensão contabilístico-financeira, na perspetiva de encontrar um quadro concetual que permita a um gestor não financeiro fazer a ponte com o seu particular domínio de conhecimento.

Capítulo 2
O Relato Financeiro

O relato empresarial (*latu sensu*) pode ser entendido como a forma mais estruturada de que as organizações dispõem para narrar a sua história, ou seja construir a sua memória organizacional. A diversificação e diferenciação dos *stakeholders* impõem que a informação — cujos impactos reputacionais podem ser significativos e determinantes — seja filtrada, estruturada, e transmitida no tempo e no espaço adequados. O relato empresarial abrange, na sua amplitude, informação de natureza financeira e não financeira, entre a qual as que constam das demonstrações financeiras previstas nos normativos contabilísticos, informação sobre o governo das sociedades, indicadores de desempenho, informações exigidas por reguladores e supervisores do mercado (*e.g.* CMVM, BdP, ASF, BCE, etc.), entre outros.

Ao longo deste capítulo, exceto quando exista indicação em contrário devidamente contextualizada, a abordagem restringir-se-á ao *Relato Financeiro* (*strictu sensu*), entendido como a informação prevista nos normativos contabilísticos, nomeadamente no Sistema de Normalização Contabilística (SNC), emanado da Comissão de Normalização Contabilística (CNC), ou nas *International Financial and Reporting Standards* (IFRS), emanadas do *International Accounting Standards Board* (IASB). Assim, identificaremos as diversas demonstrações financeiras, enumeraremos os seus objetivos e propósitos, e procederemos à análise do seu conteúdo e principais impactos. Numa lógica fundamentalmente dedutiva, evidenciaremos, em cada ponto temático, os aspetos que consideramos de maior relevância para que um gestor não financeiro possa compreender os diversos ciclos de operações e subsequentemente visualizar, de forma estruturada, os efeitos das mais diversas decisões empresariais.

2.1. O ENQUADRAMENTO CONTABILÍSTICO NACIONAL E INTERNACIONAL

A normalização contabilística em Portugal, para as empresas comerciais, industriais e outras entidades, foi instituída em 1977 através do Decreto-Lei n.º 47/77, de 7 de fevereiro. A aprovação do *Plano Oficial de Contabilidade* (POC) e a criação da CNC representam o início de um processo normativo conducente à melhoria do relato financeiro. Ao longo destas quase cinco décadas, foram várias as alterações[1], a maior parte delas decorrentes da necessidade de adaptar o modelo vigente às exigências comunitárias. A globalização das economias em geral, e dos mercados financeiros em particular, estão entre as várias razões que determinaram esta convergência para uma harmonização contabilística. Não são de ignorar as crescentes exigências ao nível da qualidade e quantidade da informação a disponibilizar, resultado também das múltiplas concentrações de atividades empresariais e das estratégias de internacionalização que as empresas têm paulatinamente procurado e consolidado.

A evolução qualitativa que se tem verificado nas últimas décadas tem sido conseguida através de um crescente esforço de harmonização,

---

[1] Decreto-Lei n.º 410/89, de 21 de novembro (ajustamentos à Diretiva n.º 78/660/CEE (4ª Diretiva); Decreto-Lei n.º 238/91, de 2 de julho (transposição da Diretiva n.º 83/349/CEE); Decreto-Lei n.º 44/99, de 12 de fevereiro (introdução do sistema de inventário permanente e da demonstração dos resultados por funções); Decreto-Lei n.º 79/2003, de 23 de abril (introdução da demonstração dos fluxos de caixa); Decreto-Lei n.º 88/2004, de 20 de abril (transposição da Diretiva n.º 2001/65/CE, do Parlamento Europeu e do Conselho, de 27 de setembro, sobre a aplicação do justo valor); Decreto-Lei n.º 35/2005, de 17 de fevereiro (transposição da Diretiva n.º 2003/51/CE, do Parlamento Europeu e do Conselho, de 18 de junho, sobre o exercício da opção prevista no artigo 5º do regulamento (CE) n.º 1606/2002, do Parlamento Europeu e do Conselho). Nele se prevê a aplicação das Normas Internacionais de Contabilidade (NIC). Em 2009, foi aprovado o Sistema de Normalização Contabilística (SNC), através do Decreto-Lei n.º 158/2009, de 13 de julho. Subsequentemente, verificaram-se diversas alterações, as quais entraram em vigor no dia 1 de janeiro de 2016. Essas alterações estão evidenciadas nos seguintes diplomas: Decreto-Lei n.º 98/2015, de 2 de Julho; Aviso n.º 8254/2015, de 29 de julho; Portaria n.º 220/2015, de 24 de julho; Portaria n.º 218/2015, de 23 de julho; Aviso n.º 8256/2015, de 29 de julho; Aviso n.º 8268/2015, de 29 de julho; Aviso n.º 8257/2015, de 2015, de 29 de julho; Aviso n.º 8255/2015, de 29 de julho; Aviso n.º 8259/2015, de 29 de julho.

procurando a coerência horizontal e vertical entre as normas. Este esforço permitiu que o relato financeiro seja hoje positivamente desagregado, em função das especificidades dos diversos grupos de entidades. A amplitude desse relato encontra-se para além da indexação a critérios de dimensão como sejam o total do ativo, o volume de negócios e o número de trabalhadores empregados durante o período — salvo se, por razões legais ou estatutárias, as respetivas demonstrações financeiras estiverem sujeitas a *Certificação Legal das Contas* (CLC).

Nesse esforço contínuo de melhoria do relato financeiro, é possível encontrar na esfera jurídica nacional vários níveis de normalização contabilística ou grupos de entidades: 1. Entidades que tenham valores mobiliários admitidos à cotação em mercados regulamentados; 2. Microentidades; 3. Pequenas entidades; 4. Entidades do Setor Não Lucrativo; e, por exclusão, as restantes entidades que não se enquadram nos anteriores e às quais se aplicam as Normas Contabilísticas e de Relato Financeiro (NCRF). Veja-se a este propósito, o estipulado no artigo 9.º e seguintes do Decreto-Lei n.º 158/2009 de 13 de julho, com as alterações introduzidas pelo Decreto-Lei n.º 98/2015, de 2 de junho.

No que se refere às pequenas entidades, a respetiva NCRF-PE só pode ser aplicada, em alternativa ao restante normativo que integra o SNC, caso não sejam ultrapassados dois dos três limites previstos no n.º 2 do artigo 9.º do Decreto-Lei n.º 98/2015, de 2 de junho ou seja: 1) Total de balanço: € 4.000.000; 2) Volume de negócios líquido: € 8.000.000; e 3) Número médio de empregados durante o período: 50. Relativamente às Microentidades, e de forma análoga ao previsto para as pequenas entidades, a instituição de um regime simplificado para aquele grupo de entidades, veio estabelecer os limites para efeitos de enquadramento. Assim, estabelece o n.º 1 do artigo 9º do diploma referido anteriormente, os seguintes limites de elegibilidade: 1) Total do balanço: € 350.000; 2) Volume de negócios líquido: € 700.000; 3) Número médio de empregados durante o período: 10.

De forma a melhor compreendermos os diversos grupos de entidades e os normativos contabilísticos aplicáveis a cada um deles, apresenta-se na tabela seguinte, e de forma estruturada, os respetivos enquadramentos normativos.

Tabela 1 – Níveis de aplicação dos normativos contabilísticos

Grupo[2]	Tipo de Entidade	Normativo Contabilístico	Tipo de Contas	Principais Diplomas
I	Entidades com valores mobiliários[3] admitidos à cotação num mercado regulamentado + Entidades classificadas como EIP[4]	Normas Internacionais de Contabilidade do IASB (IFRS)	Consolidadas Individuais *(opcional)*[5]	Decreto-Lei n.º 158/2009, de 13 de junho, com a redação dada pelo Decreto-Lei n.º 98/2015, de 2 de junho. Artigo 4.º do Regulamento (CE) n.º 1606/2002, do Parlamento Europeu e do Conselho, de 19 de julho. Lei n.º99-A/2021, de 31 de dezembro de 2021.

---

[2] A repartição das entidades por grupos, por nós elaborada, tem como objetivo único o melhor enquadramento e tratamento das especificidades das entidades que os integram. A categorização das entidades depende da observância de vários critérios, nomeadamente o total do balanço, o volume de negócios líquido, e o número médio de empregados durante o período. Esses limites quantitativos encontram-se no respetivo diploma legal.

[3] Referimo-nos a ações (títulos representativos do capital), obrigações (título de crédito que confere ao seu titular o direito de receber juros e respetiva amortização de capital) ou outros instrumentos financeiros negociados em mercado regulamentado.

[4] Atualmente, à luz da legislação em vigor (Lei n.º99-A/2021, de 31 de dezembro, consideram-se Entidades de Interesse Público (EIP), as quais adotam o normativo internacional do IASB, tanto nas contas individuais como nas contas consolidadas: – Os emitentes de valores mobiliários admitidos à cotação num mercado regulamentado situado ou a funcionar em Portugal; – As instituições de crédito; – As empresas de seguros e de resseguros; – As entidades cuja atividade principal consiste na aquisição de participações sociais com maioria de direitos de voto em instituições de crédito; – As sociedades gestoras de participações no setor dos seguros e as sociedades gestoras de participações sociais de seguros mistas; e – Os fundos de pensões que financiam um regime especial de segurança social, nos termos de legislação específica em vigor.

[5] N.º 3 do art. 4º do Decreto-Lei n.º 158/2009, de 13 de julho, com a redação dada pelo Decreto-Lei n.º 98/2015, de 2 de junho: "As entidades, de entre as referidas no artigo anterior, que estejam incluídas no âmbito da consolidação de entidades abrangidas pelo disposto no n.º 1 podem elaborar as respetivas demonstrações financeiras individuais em conformidade com as normas internacionais de contabilidade adotadas nos termos do artigo 3.º do Regulamento (CE) n.º 1606/2002, do Parlamento Europeu e do Conselho, de 19 de julho de 2002, ficando as suas demonstrações financeiras sujeitas a certificação legal das demonstrações financeiras".

II	Entidades abrangidas pelo CSC; Empresas individuais reguladas pelo Código Comercial; Estabelecimentos Individuais de Responsabilidade Limitada; Empresas Públicas que não se encontrem abrangidas pelo SNC para as Administrações Públicas; Cooperativas, com as exceções previstas na lei; Agrupamentos complementares de empresas e Agrupamentos europeus de interesse económico	Sistema de Normalização Contabilística (NCRF)	Individuais Consolidadas (*opcional*)[6]	Decreto-Lei n.º 158/2009, de 13 de julho, com a redação dada pelo Decreto-Lei n.º 98/2015, de 2 de junho.
III	Pequenas Entidades	Norma Contabilística e de Relato Financeiro para Pequenas Entidades (NCRF-PE)	Individuais	Decreto-Lei n.º 158/2009, de 13 de julho, aditado pelo Decreto-Lei n.º 98/2015, de 2 de junho.
IV	Microentidades	Norma Contabilística para Microentidades (NCM)	Individuais	Decreto-Lei n.º 158/2009, de 13 de julho, aditado pelo Decreto-Lei n.º 98/2015, de 2 de junho.
V	Entidades do Setor Não Lucrativo	Norma Contabilística e de Relato Financeiro para Entidades do Setor Não Lucrativo (NCRF-ESNL	Individuais	Decreto-Lei n.º 158/2009, de 13 de julho, aditado pelo Decreto-Lei n.º 98/2015, de 2 de junho.

[6] N.º 2 do art.º 4 do Decreto-Lei n.º 158/2009, de 13 de julho, com a redação dada pelo Decreto-Lei n.º 98/2015, de 2 de junho: "As entidades, de entre as referidas no artigo anterior, que não sejam abrangidas pelo disposto no número anterior, podem optar por elaborar as respetivas demonstrações financeiras consolidadas em conformidade com as normas internacionais de contabilidade adotadas no termos do artigo 3º do Regulamento (CE) n.º 1606/2002, do Parlamento Europeu e do Conselho, de 19 de julho de 2002, desde que as suas demonstrações financeiras sejam objeto de certificação legal das demonstrações financeiras".

A necessidade de tomar medidas conducentes à melhoria da comparabilidade das demonstrações financeiras por parte das sociedades de capital aberto (vulgarmente designadas por sociedades cotadas) foi manifestada no Conselho Europeu de Lisboa, em março do ano 2000. Nele se estabelecia que aquelas sociedades deveriam ser obrigadas a aplicar um conjunto único de normas internacionais de contabilidade na preparação das suas demonstrações financeiras consolidadas. Foi entendimento generalizado que essa estratégica conduziria a um relato financeiro internacionalmente aceite, assente em padrões amplamente reconhecidos.

O Regulamento (CE) n.º 1606/2002, do Parlamento Europeu e do Conselho, de 19 de julho, veio instituir, a adoção das normas internacionais de contabilidade do IASB no seio da União Europeia. A quarta grande fase do processo de normalização contabilística em Portugal, com início em 2004, caracterizou-se, entre outros aspetos, pela obrigatoriedade de aplicação das normas do IASB (até então de aplicação supletiva), a partir do período económico de 2005, por parte das entidades cujos valores mobiliários estivessem admitidos à cotação em mercados regulamentados (como já referido, de aplicação às contas consolidadas das entidades enquadradas no grupo I) e pela possibilidade de aplicação dessas mesmas normas, a partir desse ano e para as contas consolidadas, para as entidades abrangidas pelo normativo contabilístico nacional (POC — Plano Oficial de Contabilidade), e sujeitas a certificação legal das contas. As contas individuais das entidades abrangidas pelo POC e sujeitas a certificação legal de contas que estivessem incluídas no perímetro de consolidação, poderiam igualmente aplicar o normativo do IASB. Corroboramos da ideia de que o principal objetivo da adoção das normas internacionais de contabilidade na UE é o de contribuir para o bom funcionamento dos mercados de capitais com uma boa relação custo-benefício, considerando-se que, para tal, as sociedades cujos títulos são negociados publicamente devem aplicar um único conjunto de regras internacionais de contabilidade de elevada qualidade para efeitos de elaboração das respetivas contas consolidadas.

O normativo do IASB[7] integra atualmente 28 normas internacionais de contabilidade (IAS), 17 normas internacionais de contabilidade e de relato financeiro (IFRS), 8 interpretações do *Standing Interpretations Committee* (SIC) e 20 interpretações do *International Financial Reporting Interpretation Committee* (IFRIC). Estas 45 normas de contabilidade e as 28 interpretações que integram o normativo do IASB, para serem aplicadas na UE devem observar um conjunto de critérios, nomeadamente que não sejam contrárias ao princípio estabelecido no n.º 3 do artigo 16º da Diretiva 83/349/CEE do Conselho e no n.º 3 do artigo 2º da Diretiva 78/660/CEE do Conselho, que correspondam ao interesse público europeu e que satisfaçam os critérios de inteligibilidade, relevância, fiabilidade e comparabilidade requeridos das informações financeiras necessárias para a tomada de decisões económicas e para a apreciação da eficácia da gestão. Assim, para maximizar os benefícios decorrentes da aplicação de um quadro conceptual comum de apresentação de informações financeiras, que assegurasse uma comparabilidade direta entre todas as contas relevantes, foi necessário que os Estados-Membros não impusessem a divulgação, no quadro das contas anuais ou consolidadas elaboradas — de acordo com as NIC adotadas e nos termos do Regulamento NIC —, de informações qualitativas ou quantitativas que não fossem relevantes para essas demonstrações financeiras de âmbito geral ou de informações cuja apresentação seria mais adequada em documento distinto. As empresas integradas no grupo I comungam, desta forma, de um referencial comum capaz de permitir a inteligibilidade das suas demonstrações financeiras nos mais diversos contextos económico-financeiros.

Em sintonia com o normativo internacional do IASB, o SNC surge em Portugal como um modelo contabilístico assente num conjunto de princípios, assimilando a transposição das diretivas contabilísticas da União Europeia. Os oito instrumentos que o compõem [1) Bases para a apresentação das demonstrações financeiras (BADF); 2) Modelos

---

[7] *IASB – International Accounting Standards Board*: organismo criado em 1973, em Londres, por organismos profissionais de contabilidade de dez países. Tem atualmente a seguinte estrutura: Conselho de Monitorização; Fundação IFRS; Conselho; Conselho Consultivo e Normas; Comité de Interpretações das IFRS e Grupo de Implementação do normativo para PME (Pequenas e Médias Entidades).

de demonstrações financeiras (MDF); 3) Códigos de contas (CC); 4) Normas contabilísticas e de relato financeiro (NCRF); 5) Norma contabilística e de relato financeiro para pequenas entidades (NCRF-PE); 6) Norma contabilística e de relato financeiro para entidades do setor não lucrativo (NCRF-ESNL); 7) Norma contabilística para microentidades (NCM); e 8) Normas interpretativas (NI)], procuram dar coerência a um relato integrado, garantindo uma informação de qualidade aos diversos utilizadores. A adoção das normas internacionais de contabilidade para as empresas que integram o grupo II é efetuada de forma supletiva, sempre que o SNC não responda aos aspetos particulares de contabilização.

A NCRF-PE veio instituir, a partir das NCRF, um relato financeiro simplificado, estabelecendo os requisitos mínimos em matéria de reconhecimento, mensuração e divulgação. Também neste contexto, as NCRF surgem de aplicação supletiva para as pequenas entidades. É de salientar, neste contexto, o pioneirismo do nosso legislador ao consagrar uma norma específica para entidades com necessidades simplificadas de relato, atendendo aos critérios clássicos de dimensão. Contudo, o enquadramento de determinada entidade nesses critérios não a inibe de apresentar um relato financeiro mais amplo, de acordo com os princípios emanados das NCRF. A coerência horizontal e vertical que pauta os diversos níveis normativos consolida aquilo que oportunamente denominaremos de discricionariedade positiva.

Foi seguida uma lógica idêntica com a introdução de uma norma específica para as microentidades. Trata-se de mais um caso de discricionariedade positiva ao dispensar estas entidades da obrigação de preparar diversas demonstrações financeiras, nomeadamente a demonstração dos fluxos de caixa e a demonstração de alterações no capital próprio. Também ao nível das divulgações se verificam simplificações, mesmo comparando com a NCRF-PE. É de considerar, no entanto, que as especificidades aplicáveis a cada nível normativo estão preconizadas nos respetivos diplomas legais que os instituíram.

As diferentes exigências de relato financeiro previstas nestes normativos garantem uma adequada coerência horizontal e vertical, estando assentes em conceitos, definições e procedimentos de aceitação transversal, na sua generalidade preconizados no normativo internacional e no SNC. Apesar de algumas críticas sobre a excessiva diversidade normativa, cremos que a referida discricionariedade positiva ao nível do relato financeiro, potencia a atividade económica ao simplificar procedimentos e exigências legais.

2.2. AS DEMONSTRAÇÕES FINANCEIRAS

As demonstrações financeiras representam, eventualmente, a parte mais visível do relato financeiro. Procuram proporcionar informação de natureza económica, financeira e fiscal, que seja útil para a tomada de decisões. Tal como expresso nas estruturas conceptuais dos principais normativos contabilísticos, essas informações têm como objetivo suportar as mais diversas decisões empresariais das quais se destacam:

a) Decidir quando comprar, deter ou vender um investimento em capital próprio;
b) Avaliar a capacidade de a entidade solver os seus compromissos;
c) Determinar as políticas fiscais;
d) Determinar a política de dividendos;
e) Preparar as estatísticas nacionais e internacionais;
f) Regular a atividade das entidades.

O suporte a estas decisões está dependente do conhecimento, numa base tempestiva, do posicionamento financeiro da entidade, do desempenho das suas atividades e das alterações na sua posição financeira. Na prossecução destes objetivos, devem as entidades, em função do nível de normalização contabilística, preparar as seguintes demonstrações financeiras, tal como previsto no normativo contabilístico nacional:

- **Balanço**[8]: evidencia a posição financeira da entidade em determinado momento. Nela se especificam os seus ativos, passivos

[8] O Balanço corresponde, no âmbito das normas internacionais do IASB, à "Demonstração da posição financeira".

e capital próprio. Esta última massa patrimonial representa o interesse residual sobre os ativos da entidade.

- **Demonstração dos resultados**[9]: evidencia o desempenho da entidade num determinado período. São detalhados nesta demonstração financeira os gastos (genericamente associados às diminuições nos benefícios económicos do período ou ao deperecimento de ativos) e os rendimentos (análoga e genericamente associados a aumentos nos benefícios económicos do período).
- **Demonstração das alterações no capital próprio**: as alterações no capital próprio verificadas no período entre duas datas do balanço refletem o aumento ou a redução nos seus ativos líquidos durante esse período. Para além disso, «a alteração global no capital próprio durante um período representa a quantia total de rendimentos e gastos, incluindo ganhos e perdas, gerada pelas atividades da entidade durante esse período». Estas alterações evidenciam igualmente o resultado integral, entendido como a agregação direta do resultado líquido do período com as restantes variações nos capitais próprios não diretamente associadas aos detentores do capital num facto patrimonial em que agem como tal.
- **Demonstração dos fluxos de caixa**: evidencia as alterações históricas de caixa e os seus equivalentes, identificando os fluxos de caixa (entradas e saídas) do período provenientes de atividades operacionais, de investimento e de financiamento.
- **Anexo (Notas)**: divulgações de natureza diversa, apresentadas de forma sistemática e com referenciação cruzada, têm como principal objetivo assegurar as características da informação financeira, em particular a característica da compreensibilidade.

---

[9] Corresponde, no âmbito do normativo internacional do IASB, à «Demonstração do rendimento integral« ou ao conjunto da «Demonstração dos resultados» e da «Demonstração do outro rendimento integral».

2.3. OS ELEMENTOS PATRIMONIAIS E A DINÂMICA PATRIMONIAL

O Património de uma entidade constitui um conjunto heterogéneo de elementos utilizados no exercício da sua atividade, sejam eles bens, direitos ou obrigações. Estes elementos são sujeitos a uma gestão dinâmica com o intuito de alcançarem de forma integrada os mais diversos objetivos de gestão. O património líquido (*Bens + Direitos – Obrigações*) de uma entidade constitui, por isso, o mais elementar indicador de gestão, o qual é refletido no balanço da entidade através da massa patrimonial geral designada de Capital Próprio (interesse residual nos recursos da entidade).

Os elementos patrimoniais são então agregados em três massas patrimoniais gerais: *Ativo*, *Passivo* e *Capital Próprio*. O seu balanceamento ou equilíbrio permanente traduz a equação fundamental da contabilidade, tal como ilustrado na figura seguinte.

<table>
<tr><th>ATIVO</th><th>CAPITAL PRÓPRIO</th></tr>
<tr><td>Não Corrente</td><td></td></tr>
<tr><td rowspan="3">Corrente</td><th>PASSIVO</th></tr>
<tr><td>Não Corrente</td></tr>
<tr><td>Corrente</td></tr>
</table>

Figura 2.1 – Estrutura Geral do Balanço (Demonstração da Posição Financeira)

- ATIVO — recurso controlado (não necessariamente propriedade) pela entidade, como resultado de acontecimentos passados e do qual se espera que fluam para a entidade benefícios económicos futuros;
- PASSIVO — obrigação presente da entidade, proveniente de acontecimentos passados, da liquidação da qual se espera que resulte um exfluxo (saída) de recursos da entidade, incorporando benefícios económicos;

- CAPITAL PRÓPRIO — trata-se do interesse residual nos ativos da entidade depois de deduzir todos os seus passivos.

A classificação genérica agora apresentada abrange as massas patrimoniais gerais, ficando para análise subsequente os critérios a observar para o seu reconhecimento no balanço. Ou seja, esse reconhecimento nas demonstrações financeiras depende, para além da observância dos critérios específicos de cada tipologia de ativos, passivos ou elementos do capital próprio, da sua substância, e da realidade económica em que ocorrem.

Ao conceito de Ativo estão subjacentes diversos postulados entre os quais:

1. O controlo por parte da entidade;
2. A associação a acontecimentos passados;
3. A existência de benefícios económicos futuros que fluam para a entidade.

Todos eles, de observância cumulativa, constituem a base para o seu reconhecimento no balanço da entidade e sempre que seja possível, de mensuração justa e fiável. Contudo, é de referir que a primeira condição se refere a controlo e não a propriedade. O caso dos bens adquiridos em sistema de leasing (ou opção de financiamento equivalente) constitui o contraexemplo na medida em que existe reserva de propriedade embora o bem seja controlado pela entidade na medida em que, na maior parte dos casos, afeta o seu ciclo de exploração (operacional).

Os benefícios económicos futuros surgem associados à potencial contribuição, direta ou indireta, desses elementos patrimoniais para a formação de fluxos de caixa e seus equivalentes ou para a redução dos exfluxos de caixa. O potencial produtivo servirá de denominador comum a esta condição, podendo fluir para a entidade através da troca, do uso na liquidação de passivos ou através da distribuição aos proprietários da entidade.

Relativamente ao Passivo, uma característica essencial é a de que exista uma obrigação presente, entendida como uma responsabilidade para com terceiros. Estas responsabilidades resultam de transações passadas ou de outros acontecimentos, sendo expectável a saída de recursos na sua liquidação. Esta, poderá ocorrer de várias formas, das quais se destacam o pagamento em dinheiro, a transferência de outros ativos, a prestação de serviços, a substituição dessa obrigação por outra ou a sua conversão em capital próprio. Muitas vezes, o reconhecimento daquelas responsabilidades só é possível através de estimativas porquanto não é possível prever o real fluxo de saída que decorre da liquidação da obrigação. Estas estimativas designam-se, regra geral, por provisões.

O capital próprio (ou situação líquida) é apresentado no normativo contabilístico como um residual. Ainda que esta classificação se nos afigure redutora, esta massa patrimonial traduz o valor diferencial da entidade, salvaguardando também um conjunto de situações legalmente previstas como a criação de reservas impostas por legislação ou pelos estatutos da própria entidade. Sendo esta grandeza apresentada como um diferencial, importa também referir que o seu valor está dependente dos critérios de mensuração e valorização seguidos no reconhecimento inicial e subsequente dos ativos e passivos. Contudo, é do ponto de vista da análise do desempenho, uma grandeza importante na aferição do retorno efetivo.

Tanto o Ativo como o Passivo são desagregados em dois grupos distintos – *Corrente e Não Corrente,* tal como ilustrado na Figura 2.1. Assim:

- ATIVO CORRENTE — inclui os ativos que satisfaçam os seguintes critérios: a) se espera que sejam realizados, ou se pretende que sejam vendidos ou consumidos, no decurso normal do ciclo operacional da entidade; b) estejam detidos essencialmente para a finalidade de serem negociados; c) se espera que sejam realizados num período de doze meses após a data do balanço, ou d) sejam caixa ou ativos equivalentes de caixa a menos que lhes seja limitada a troca ou o uso para liquidar um passivo pelo menos doze meses após a data do balanço.
- PASSIVO CORRENTE — por analogia ao referido anteriormente, inclui as responsabilidades que se esperam que sejam liquidadas no decurso do ciclo normal da entidade ou num período de doze meses após a data do balanço.

Cada organização, nas suas relações internas e externas, gera múltiplos fluxos (reais ou monetários), os quais consubstanciam a designada dinâmica patrimonial ou transacional. Os seus efeitos na composição e valor do património são de natureza diversa, pelo que importa, neste contexto, relevar as diversas tipologias. Com este intuito, ilustramos através da tabela seguinte toda essa tipologia de fluxos, especificando as três perspetivas que a partir dela podem ser evidenciadas. Do ponto de vista lógico, determinada organização adquire bens e serviços (*inputs*), junto de entidades externas (fornecedores e outros credores), que consome ou utiliza nas suas atividades (ciclo operacional), que se materializam em bens e serviços (*outputs*) destinados a serem vendidos aos seus clientes. Em contrapartida, aos fornecedores será paga uma contraprestação, regra geral monetária, e dos clientes será recebida igualmente uma contraprestação monetária.

Tabela 2 – Fluxos reais e fluxos monetários

PERSPETIVA	DESCRIÇÃO	Natureza dos fluxos	Tipologia de fluxo
FINANCEIRA	Transações realizadas com o exterior (a montante e a jusante da entidade), originando obrigações a pagar (despesas) e direitos a receber (receitas). Genericamente, surge associada à remuneração dos fatores produtivos.	**DESPESAS** Surgem associadas à obrigação legal de pagar os fatores de produção adquiridos (bens e serviços).	Real de entrada
		RECEITAS Surgem associadas ao direito legal de receber a contrapartida da venda de bens ou da prestação de serviços.	Real de saída
ECONÓMICA (*ou Produtiva*)	Associada à incorporação e transformação dos fatores de produção conducente à produção de um produto final ou prestação de um serviço.	**GASTOS[10]/PERDAS** Traduzem diminuições de benefícios económicos, associados à utilização ou consumo de bens e/ou serviços, ocorram ou não[11] no decurso da atividade corrente (ordinária).	Real

[10] O normativo contabilístico nacional atribui a designação de «Gasto» e de «Rendimento» de forma bastante específica e deveras hermética. Tal não acontece nos normativos internacionais, pelo que existe uma maior amplitude terminológica. Assim, admite-se que sejam utilizados os termos «Custo» em vez de «Gasto» e «Proveito» em vez de «Rendimento/Rédito». As demonstrações financeiras são ajustadas em função da terminologia adotada por cada normativo contabilístico.

[11] As perdas representam outros itens que satisfaçam a definição de gastos e podem, ou não, surgir no decurso das atividades ordinárias da entidade. As perdas repre-

ECONÓMICA *(ou Produtiva)* [continuação]		**RENDIMENTOS/GANHOS** Traduzem aumentos dos benefícios económicos, associados à produção de bens e/ou à prestação de serviços, ocorram ou não[12] no decurso da atividade corrente (ordinária).	Real
MONETÁRIA *(ou de Tesouraria, ou de caixa)*	Transações que consubstanciam a entrada e saída de meios monetários.	**PAGAMENTOS** Correspondem a exfluxos (saídas) de meios monetários.	Monetário de saída
		RECEBIMENTOS Correspondem a influxos (entradas) de meios monetários.	Monetário de entrada

No decurso da atividade da empresa, toda a tipologia de fluxos identificada anteriormente está associada a factos patrimoniais (transações) que consubstanciam a designada *Dinâmica Patrimonial*, os quais podem alterar, ou não, o valor do capital próprio da entidade. Neste contexto, o valor do património corresponde ao valor do Ativo (Bens + Direitos), deduzido do valor do Passivo (Obrigações). Assim, a referida dinâmica patrimonial integra dois tipos de transações:

- Factos patrimoniais permutativos ou transações de natureza permutativa (*impacto patrimonial qualitativo*) — aqueles que apenas alteram a composição do património[13] mas não o seu valor (*v.g.* o pagamento de uma dívida a um fornecedor em que se reduz simultaneamente o Ativo Corrente e o Passivo Corrente, permanecendo o valor do capital próprio inalterado);

---

sentam diminuições em benefícios económicos e como tal não são na sua natureza diferentes de outros gastos. Daqui que não sejam vistas como um elemento separado nesta Estrutura conceptual". Contudo, ainda que tal nunca seja expressamente assumido no normativo, as perdas assumem uma natureza pontual ou não corrente no decurso da atividade da empresa.

12 A definição de rendimentos engloba quer réditos quer ganhos. Os réditos provêm do decurso das atividades correntes (ou ordinárias) de uma entidade..." e "os ganhos representam outros itens que satisfaçam a definição de rendimentos e podem, ou não, provir do decurso das atividades correntes (ou ordinárias) de uma entidade. Os ganhos representam aumentos em benefícios económicos e como tal não são de natureza diferente do rédito". Tal como referido para as perdas, assumem uma natureza pontual ou não corrente no decurso da atividade da empresa.

13 Refere-se à natureza dos elementos patrimoniais que o integram bem como à sua extensão, ou seja, a importância relativa de cada um desses elementos.

- Factos patrimoniais modificativos ou transações de natureza modificativa *(impacto patrimonial quantitativo)* — os que, para além de alterarem a composição do património, alteram também o seu valor (*v.g.* Venda de mercadorias com margem. Neste caso, o valor de venda será relevado em rendimentos e o custo da venda em gastos, representando a margem o aumento do valor patrimonial da entidade).

Como já foi referido, as diversas transações podem alterar uma ou várias grandezas, provocando em quaisquer circunstâncias o equilíbrio (balanceamento) evidenciado na *Equação Fundamental da Contabilidade:* ATIVO – PASSIVO = CAPITAL PRÓPRIO[14]. Contudo, para que este balanceamento seja observado, cada transação terá de alterar o valor de pelo menos dois elementos patrimoniais distintos.

Numa perspetiva financeira, o Ativo traduz as aplicações (*Recursos*) dadas aos capitais da entidade enquanto o Passivo e o Capital Próprio representam as suas origens (*Fontes de financiamento*).

2.4. AS CONTAS E A SUA MOVIMENTAÇÃO

A necessidade de mensurar e agrupar os elementos patrimoniais em grupos homogéneos levou à necessidade de criação das designadas «*Contas*»[15]. Assim, surgiram para *acumular ou agregar as unidades monetárias referentes a transações e outros acontecimentos homogéneos, funcionando como repositórios de relevação contabilística.* É de referir que o agrupamento dos elementos patrimoniais é um dos aspetos fundamentais da normalização contabilística, permitindo a comparabilidade das demonstrações financeiras das entidades, quer no tempo quer no espaço. Neste contexto, para que seja assegurada a consistência

[14] Esta grandeza é também designada de "Situação Líquida". Em alguns contextos, como por exemplo nas entidades do setor não lucrativo, é designada de "Fundos Patrimoniais".

[15] O normativo internacional do IASB não prevê um quadro de contas harmonizado. Fica ao critério de cada entidade criar um quadro de contas que esteja de acordo com as necessidades de agregação da informação e que esteja alinhado com as orientações previstas no normativo.

dos registos contabilísticos, as organizações utilizam um *Código de Contas*, o qual integra normalmente um código associado a cada título de conta (ou denominação) ou a cada classe de conta. Para além da sua denominação, a conta tem também associada uma outra característica: a sua extensão que corresponde ao seu valor. Ou seja, enquanto o título é a sua expressão qualitativa, a extensão é a sua expressão quantitativa.

Esquematicamente, uma conta pode ser representada da seguinte forma:

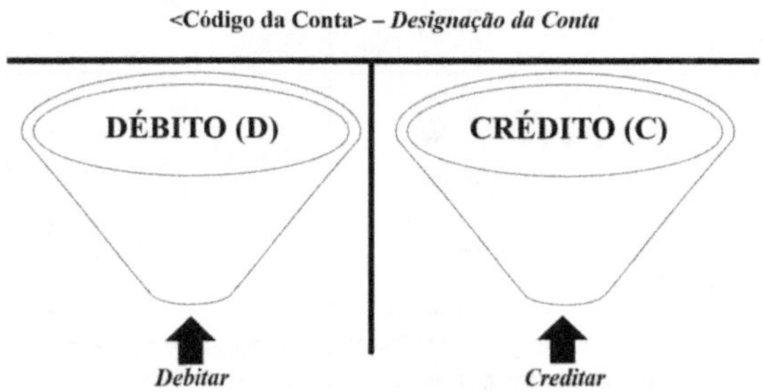

Figura 2.2 – Representação esquemática de uma conta

Caso D > C, a conta terá um saldo devedor (S_D) e um saldo credor (S_C) caso se verifique o contrário. Por vezes, a conta está saldada (D=C), dizendo-se nesse caso que a conta tem um saldo nulo (S_0).

Como já foi referido, um dos objetivos da normalização contabilística é o de contribuir para a comparabilidade das demonstrações financeiras, no pressuposto de que são garantidas todas as restantes características da informação (compreensibilidade, relevância, fiabilidade). No que se refere às contas, para além de se garantir a homogeneidade da natureza dos elementos que as integram, importa também salvaguardar a sua integralidade. Ou seja, todas as transações que reúnam as características para que sejam integradas numa conta (independentemente do seu grau[16]), não poderão deixar de

[16] A desagregação das contas em subcontas evidencia o seu grau. Assim, o primeiro dígito da conta identifica a classe em que está inserida e os dois primeiros dígitos a conta principal ou de 1.º grau. As desagregações seguintes representam o enésimo grau da respetiva conta.

nela serem relevadas. Caso contrário, não fica garantida a plenitude da informação.

Para que se garanta o balanceamento imposto pela equação fundamental da contabilidade, é preciso que existam regras à movimentação das contas. Na tabela 3, apresentam-se as regras gerais de movimentação.

Tabela 3 – Síntese das regras gerais de movimentação das contas

Massa Patrimonial/ Classe de Contas	Regra geral de movimentação	Exemplos	Exemplos de casos em que não é observada a regra geral
ATIVO	Debitam-se pela extensão inicial e pelos aumentos, e creditam-se pelas diminuições.	Depósitos à ordem Clientes gerais ...	Perdas por imparidade acumuladas Depreciações acumuladas ...
PASSIVO	Creditam-se pela extensão inicial e pelos aumentos, e debitam-se pelas diminuições.	Fornecedores gerais Remunerações a pagar ...	n/a
CAPITAL PRÓPRIO	Creditam-se pela extensão inicial e pelos aumentos, e debitam-se pelas diminuições.	Capital subscrito Reservas ...	Aquisição de Ações Próprios Resultados Transitados (Negativos) ...
GASTOS	Debitam-se pelos aumentos e creditam-se em caso de estorno ou no apuramento de resultados.	Custo das Vendas Rendas e alugueres ...	n/a
RENDIMENTOS	Creditam-se pelos aumentos e debitam-se em caso de estorno ou no apuramento de resultados.	Vendas Rendimentos suplementares ...	Devoluções de vendas Descontos e abatimentos em vendas ...
RESULTADOS	Debitam-se ou creditam-se, consoante o seu saldo, no processo de apuramento de resultados.	Resultado antes de impostos ...	n/a

2.5. AS DEMONSTRAÇÕES FINANCEIRAS NORMALIZADAS

As demonstrações financeiras constituem, para muitos utilizadores, o lado mais visível da organização, sendo a partir dessa informação que tomam as mais diversas decisões de gestão. Nas páginas seguintes apresentam-se os diversos modelos de DF que constituem o relato financeiro de uma entidade.

Entidade: ....

BALANÇO (INDIVIDUAL ou CONSOLIDADO) EM XX DE YYYYYYY DE 200N

Unidade monetária

RUBRICAS	NOTAS	DATAS	
		31 XXX N	31 XXX N-1
ATIVO			
Ativo não corrente			
Ativos fixos tangíveis			
Propriedades de investimento			
Goodwill			
Ativos intangíveis			
Ativos biológicos			
Participações financeiras - método da equivalência patrimonial			
Outros ativos financeiros			
Créditos a receber			
Ativos por impostos diferidos			
Ativo corrente			
Inventários			
Ativos biológicos			
Clientes			
Estado e outros entes públicos			
Capital subscrito e não realizado			
Outros créditos a receber			
Diferimentos			
Ativos financeiros detidos para negociação			
Outros ativos financeiros			
Ativos não correntes detidos para venda			
Caixa e depósitos bancários			
Total do ativo			

Entidade: ....

BALANÇO (INDIVIDUAL ou CONSOLIDADO) EM XX DE YYYYYYY DE 200N - *CONTINUAÇÃO*

Unidade monetária

CAPITAL PRÓPRIO E PASSIVO			
Capital próprio			
Capital subscrito			
Ações (quotas) próprias			
Outros instrumentos de capital próprio			
Prémios de emissão			
Reservas legais			
Outras reservas			
Resultados transitados			
Excedentes de revalorização			
Excedentes de revalorização			
Ajustamentos/outras variações no capital próprio			
Resultado líquido do período			
Interesses que não controlam			
Total do capital próprio			
Passivo			
Passivo não corrente			
Provisões			
Financiamentos obtidos			
Responsabilidades por benefícios pós-emprego			
Passivos por impostos diferidos			
Outras dívidas a pagar			
Passivo corrente			
Fornecedores			
Adiantamentos de clientes			
Estado e outros entes públicos			
Financiamentos obtidos			
Outras dívidas a pagar			
Diferimentos			
Passivos financeiros detidos para negociação			
Outros passivos financeiros			
Passivos não correntes detidos para venda			
Total do passivo			
Total do capital próprio e do passivo			

O balanço de uma entidade traduz, como já referido, a posição financeira da organização em determinado momento. Evidencia os seus ativos e passivos bem como o valor líquido do património (capital próprio). A evidenciação da parcela corrente e não corrente, tal como ilustrado na Figura 2.1, permite compreender a importância relativa dos elementos patrimoniais associados aos diversos ciclos de transações.

A demonstração dos resultados por naturezas é uma demonstração financeira de avaliação do desempenho empresarial que, para além de identificar a natureza dos gastos/perdas e rendimentos/ganhos, permite aferir a sua importância relativa. Os gastos são apresentados na DR de formas diversificadas, a fim de proporcionar informação que possa ser relevante para a tomada de decisões económicas. Essa relevância é determinada pela origem de cada item e pela sua importância na avaliação da entidade vir a gerar caixa ou equivalentes de caixa no futuro.

Entidade: ....

DEMONSTRAÇÃO (INDIVIDUAL/CONSOLIDADA) DOS RESULTADOS POR NATUREZAS

PERÍODO FINDO EM XX DE YYYYYY DE 200N **Unidade monetária**

RENDIMENTOS E GASTOS	NOTAS	PERÍODOS	
		N	N-1
Vendas e serviços prestados		+	+
Subsídios à exploração		+	+
Ganhos/perdas imputados de subsidiárias, associadas e empreendimentos conjuntos		+ / -	+ / -
Variação nos inventários da produção		+ / -	+ / -
Trabalhos para a própria entidade		+	+
Custo das mercadorias vendidas e das matérias consumidas		-	-
Fornecimentos e serviços externos		-	-
Gastos com o pessoal		-	-
Imparidade de inventários (perdas/reversões)		- / +	- / +
Imparidade de dívidas a receber (perdas/reversões)		- / +	- / +
Provisões (aumentos/reduções)		- / +	- / +
Imparidade de investimentos não depreciáveis/amortizáveis (perdas/reversões)		- / +	- / +
Aumentos/reduções de justo valor		+ / -	+ / -
Outros rendimentos		+	+
Outros gastos		-	-
Resultado antes de depreciações, gastos de financiamento e impostos		=	=

Gastos/reversões de depreciação e de amortização		- / +	- / +
Imparidade de investimentos depreciáveis/amortizáveis (perdas/reversões)		- / +	- / +
Resultado operacional (antes de gastos de financiamento e impostos)		=	=
Juros e rendimentos similares obtidos		+	+
Juros e gastos similares suportados		-	-
Resultado antes de impostos		=	=
Imposto sobre o rendimento do período		- / +	- / +
Resultado líquido do período		=	=
Resultado das atividades descontinuadas (líquido de impostos) incluído no resultado líquido do período			
Resultado líquido do período atribuível a: (2)			
Detentores do capital da empresa-mãe			
Interesses minoritários			
		=	=
Resultado por ação básico			

Entidade: ....

DEMONSTRAÇÃO (INDIVIDUAL/CONSOLIDADA) DOS RESULTADOS POR FUNÇÕES

PERÍODO FINDO EM XX DE YYYYYYY DE 200N **Unidade monetária**

RUBRICAS	NOTAS	PERÍODOS	
		N	N-1
Vendas e serviços prestados		+	+
Custo das vendas e dos serviços prestados		-	-
Resultado bruto		=	=
Outros rendimentos		+	+
Gastos de distribuição		-	-
Gastos administrativos		-	-
Gastos de investigação e desenvolvimento		-	-
Outros gastos		-	-
Resultado operacional (antes de gastos de financiamento e impostos)		=	=
Gastos de financiamento (líquidos)		-	-
Resultados antes de impostos		=	=
Imposto sobre o rendimento do período		- / +	- / +
Resultado líquido do período		=	=
Resultado das atividades descontinuadas (líquido de impostos) incluído no resultado líquido do período			
Resultado líquido do período atribuível a: (2)			
Detentores do capital da empresa-mãe			
Interesses minoritários		=	=

Complementarmente à classificação dos gastos e dos rendimentos em função da sua natureza, podem as organizações elaborar demonstrações de resultados que tenham também como base a função (produtiva, comercial, administrativa, financeira) daqueles gastos e rendimentos dentro da organização. Assim, a contabilidade analítica ou de gestão deve estar organizada em função das necessidades específicas de cada empresa, sem estar sujeita a constrangimentos de forma. O seu âmbito é, por isso, mais vasto, nomeadamente ao nível da pormenorização dos custos/gastos/rendimentos, na formação dos preços e na análise prospetiva integrada.

As alterações no capital próprio de uma entidade entre duas datas do balanço refletem o aumento ou a redução nos seus ativos líquidos durante esse período. Esta DF vem introduzir o conceito de resultado integral, o qual resulta da agregação direta do resultado líquido do período com todas as variações que ocorreram no capital próprio da entidade, mas que não sejam diretamente associadas aos detentores do capital.

Unidade monetária

		CAPITAL PRÓPRIO ATRIBUÍDO AOS DETENTORES DO CAPITAL DA EMPRESA MÃE											Interesses que não controlam	Total do Capital Próprio
		Capital realizado	Ações (quotas) próprias	Outros instrumentos de capital próprio	Prémios de emissão	Reservas legais	Outras reservas	Resultados transitados	Excedentes de revalorização	Outras variações no capital próprio	Resultado líquido do período	Total		
POSIÇÃO NO INÍCIO DO PERÍODO N-1	1													
ALTERAÇÕES NO PERÍODO														
Primeira adoção de novo referencial contabilístico														
Alterações de políticas contabilísticas														
Diferenças de conversão de demonstrações financeiras														
Realização do excedente de revalorização														
Excedentes de revalorização														
Ajustamentos por impostos diferidos														
Outras alterações reconhecidas no capital próprio														
	2													
RESULTADO LÍQUIDO DO PERÍODO	3													
RESULTADO INTEGRAL	4=2+3													
OPERAÇÕES COM DETENTORES DE CAPITAL NO PERÍODO														
Subscrições de capital														
Subscrições de prémios de emissão														
Distribuições														
Entradas para cobertura de perdas														
Outras operações														
	5													
POSIÇÃO NO FIM DO PERÍODO N-1	1+2+3+5													

Unidade monetária

		CAPITAL PRÓPRIO ATRIBUÍDO AOS DETENTORES DO CAPITAL DA EMPRESA MÃE											Interesses que não controlam	Total do Capital Próprio
		Capital realizado	Ações (quotas) próprias	Outros instrumentos de capital próprio	Prémios de emissão	Reservas legais	Outras reservas	Resultados transitados	Excedentes de revalorização	Outras variações no capital próprio	Resultado líquido do período	Total		
POSIÇÃO NO INÍCIO DO PERÍODO N	1													
ALTERAÇÕES NO PERÍODO														
Primeira adoção de novo referencial contabilístico														
Alterações de políticas contabilísticas														
Diferenças de conversão de demonstrações financeiras														
Realização do excedente de revalorização														
Excedentes de revalorização														
Ajustamentos por impostos diferidos														
Outras alterações reconhecidas no capital próprio														
	2													
RESULTADO LÍQUIDO DO PERÍODO	3													
RESULTADO INTEGRAL	4=2+3													
OPERAÇÕES COM DETENTORES DE CAPITAL NO PERÍODO														
Subscrições de capital														
Subscrições de prémios de emissão														
Distribuições														
Entradas para cobertura de perdas														
Outras operações														
	5													
POSIÇÃO NO FIM DO PERÍODO N	1+2+3+5													

Integra igualmente o relato financeiro de uma entidade, a Demonstração dos Fluxos de Caixa. Esta demonstração financeira deve relatar os fluxos de caixa ocorridos durante o período, devidamente classificados por atividades operacionais, de investimento e de financiamento, permitindo aos utentes determinar o impacto dessas atividades na posição financeira da entidade e consequentemente nos níveis de caixa e seus equivalentes.

Apresentamos na página seguinte, o modelo geral desta demonstração financeira, preparada pelo método direto.

Finalmente, o relato financeiro de uma entidade integra também o Anexo (ou Notas), no qual se divulgam as bases de preparação e políticas contabilísticas adotadas e outras divulgações. Para além da sua apresentação sistemática, cada item na face do balanço (demonstração da posição financeira), na demonstração dos resultados (ou equivalente no normativo internacional do IASB), na demonstração das alterações no capital próprio e na demonstração dos fluxos de caixa, que tenha merecido uma nota no anexo, deve ter uma referência cruzada. Para além disso, devem ser apresentadas pela seguinte ordem:

(a) Identificação da entidade, incluindo domicílio, natureza da atividade, nome e sede da empresa-mãe, se aplicável;
(b) Referencial contabilístico de preparação das demonstrações financeiras;
(c) Resumo das principais políticas contabilísticas adotadas;
(d) Informação de suporte de itens apresentados na face do balanço, na demonstração dos resultados, na demonstração das alterações no capital próprio e na demonstração dos fluxos de caixa, pela ordem em que cada demonstração e cada linha de item seja apresentada;
(e) Passivos contingentes e compromissos contratuais não reconhecidos;
(f) Divulgações exigidas por diplomas legais;
(g) Informações de caráter ambiental.

PERÍODO FINDO EM XX DE YYYYYYY DE 200N *Unidade monetária*

RUBRICAS	NOTAS	PERÍODOS	
		N	N-1
Fluxos de caixa das atividades operacionais			
Recebimentos de clientes		+	+
Pagamentos a fornecedores		-	-
Pagamentos ao pessoal		-	-
Caixa gerada pelas operações		+/-	+/-
Pagamento/recebimento do imposto sobre o rendimento		-/+	-/+
Outros recebimentos/pagamentos		+/-	+/-
Fluxos de caixa das atividades operacionais (1)		+/-	+/-
Fluxos de caixa das atividades de investimento			
Pagamentos respeitantes a:			
Ativos fixos tangíveis		-	-
Ativos intangíveis		-	-
Investimentos financeiros		-	-
Outros ativos		-	-
Recebimentos provenientes de:			
Ativos fixos tangíveis		+	+
Ativos intangíveis		+	+
Investimentos financeiros		+	+
Outros ativos		+	+
Subsídios ao investimento		+	+
Juros e rendimentos similares		+	+
Dividendos		+	+
Fluxos de caixa das atividades de investimento (2)		+/-	+/-
Fluxos de caixa das atividades de financiamento			
Recebimentos provenientes de:			
Financiamentos obtidos		+	+
Realizações de capital e de outros instrumentos de capital próprio		+	+
Cobertura de prejuízos		+	+
Doações		+	+
Outras operações de Financiamento		+	+
Pagamentos respeitantes a:			
Financiamentos obtidos		-	-
Juros e gastos similares		-	-
Dividendos		-	-
Reduções de capital e de outros instrumentos de capital próprio		-	-
Outras operações de financiamento		-	-
Fluxos de caixa das atividades de financiamento (3)		+/-	+/-
Variação de caixa e seus equivalentes (1+2+3)		+/-	+/-
Efeito das diferenças de câmbio		+/-	+/-
Caixa e seus equivalentes no início do período		...	...
Caixa e seus equivalentes no fim do período		...	...

A problemática da amplitude do relato financeiro, da sua natureza qualitativa e quantitativa, tem merecido as mais diversas abordagens e desenvolvimentos. Num sentido amplo, e assumindo desde já o conceito de relato financeiro integrado, consideramos de grande utilidade a integração de divulgações sobre informação e métricas acerca dos impulsionadores de valor da entidade, das eventuais flutuações por imparidade, planos, oportunidades e riscos associados. Complementarmente ao imposto pelo normativo contabilístico, deveriam ser igualmente incluídos no relato financeiro integrado outros fatores como a psicologia económica, pessimismo ou publicidade exagerada. Esta complementaridade traduzir-se-ia numa abordagem qualitativa que evidenciaria a capitalização de mercado da organização.

Parece-nos linear que a abordagem identificada anteriormente está provida de sentido e de convergência com o normativo contabilístico internacional, em particular na vertente da relevância em detrimento da fiabilidade. Em todo o caso, estão-lhe subjacentes proposições que poderão atenuar esta mesma linearidade: 1. A orientação das demonstrações financeiras tradicionais exclusivamente para aspetos históricos e cujo valor emerge unicamente dos ativos e dos passivos efetivamente registados; 2. O facto dos impulsionadores de valor serem essencialmente não financeiros e por isso não serem apresentados nos relatórios financeiros; 3. O facto dos ativos intangíveis nunca serem reconhecidos nas demonstrações financeiras quando gerados internamente; 4. A preparação de relatos financeiros especialmente preparados para fins específicos. Corroboramos claramente esta abordagem, embora sublinhemos a necessária identificação e separabilidade dos recursos a integrar no relato financeiro, o que nem sempre se revela exequível. A procura de métricas não financeiras (*v.g.* índices, rácios, contagens) pode constituir uma abordagem interessante em complemento e melhoria do relato financeiro previsto no SNC e no normativo internacional.

A questão central prende-se, neste âmbito, verdadeiramente com a extensão e limites do relato financeiro e com a sua utilidade para os utilizadores em geral. Hoje em dia, é notório o declínio do relato baseado nos resultados e nos valores patrimoniais, sobrepondo-se a abordagens baseadas nos fluxos de caixa e em outras atividades de natureza desagregada e complementar.

2.6. OS CICLOS DE TRANSAÇÕES

A atividade da empresa desenvolve-se através de diversos ciclos, sendo o ciclo operacional o que lhe proporciona maior sustentabilidade. Associado ao objeto social da entidade, é caracterizado pela transformação dinâmica de meios financeiros líquidos em inventários e, subsequentemente, em contas a receber e a pagar de exploração (correntes), completando-se o ciclo com novo encaixe financeiro. Assim, as atividades operacionais são as principais atividades produtoras de rédito[17] da entidade e outras atividades que não sejam de investimento ou de financiamento.

Figura 2.3 – O Ciclo Operacional

A figura anterior evidencia o ciclo de exploração de uma entidade, cujos pagamentos/recebimentos são plasmados na sua demonstração de fluxos de caixa. Nesta, incluem-se os pagamentos e recebimentos

---

[17] Réditos são influxos brutos de benefícios económicos obtidos no decurso das atividades ordinárias de uma entidade (*v.g.* Vendas, honorários, juros, dividendos e *royalties*), sempre que esses influxos estejam associados a aumentos do capital próprio.

decorrentes das atividades operacionais, nomeadamente os recebimentos de clientes, os pagamentos a fornecedores e ao pessoal, o pagamento/recebimento do imposto sobre o rendimento bem como outros pagamentos/recebimentos de exploração.

O ciclo de exploração, que deve ser o mais curto possível, pode ainda ser subdividido em ciclo de exploração industrial e ciclo de exploração comercial. O primeiro encontra-se associado ao consumo de matérias-primas, à fabricação de produtos e ao recebimento efetivo da venda de produtos acabados. O ciclo de exploração comercial integra o processo de venda de mercadorias da empresa comercial e de produtos acabados da empresa industrial. Contudo, esta divisão apresenta maior relevância no contexto da gestão e análise financeira.

As atividades de investimento estão associadas à aquisição e alienação de ativos não correntes (investimentos) e de outros investimentos não incluídos em equivalentes de caixa[18]. Incluem-se nos ativos não correntes as transações relacionadas com investimentos financeiros, propriedades de investimento, ativos fixos tangíveis, ativos intangíveis, investimentos em curso, bem como todas aquelas relacionadas com a sua depreciação/amortização, revalorização ou flutuação de justo valor. Assim, o ciclo do investimento engloba o conjunto de atividades e decisões respeitante à análise e seleção de investimentos e desinvestimentos. As transações efetuadas neste ciclo conduzem ao volume de investimento com que a entidade opera no exercício da sua atividade.

Relevamos na figura seguinte, a génese contabilística do ciclo do investimento de uma entidade, sublinhando, no entanto, que o mesmo engloba decisões financeiras associadas a opções de investimento, nomeadamente em capital fixo, participações financeiras e fundo de maneio necessário ao adequado desenvolvimento da atividade.

---

[18] Referem-se a investimentos financeiros de curto prazo, altamente líquidos que sejam prontamente convertíveis para quantias conhecidas de dinheiro e que estejam sujeitos a um risco insignificante de alterações de valor.

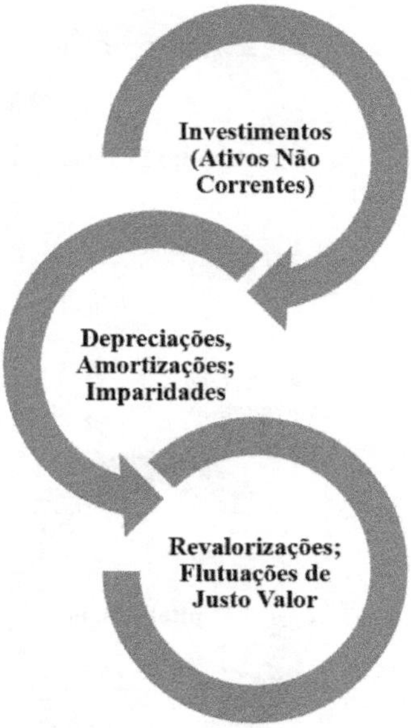

Figura 2.4 – O Ciclo do Investimento

Relativamente ao fluxo de caixa gerado neste ciclo, destacam-se os recebimentos/pagamentos associados a ativos fixos tangíveis, ativos intangíveis, investimentos financeiros e outros ativos não correntes. Incluem-se também neste contexto, os recebimentos provenientes de subsídios ao investimento[19], juros e rendimentos similares e dividendos.

O ciclo do financiamento, ou ciclo das transações financeiras, engloba as transações relacionadas com a obtenção dos fundos (estáveis e imediatos) adequados e necessários aos investimentos e ao financiamento do ciclo de exploração. Pode subdividir-se em ciclo de transações de capital e ciclo das transações de tesouraria. O primeiro corresponde às transações relacionadas com a obtenção de recursos estáveis enquanto o segundo integra as transações associadas à gestão dos meios financeiros líquidos que assegurem o equilíbrio da tesouraria no curto prazo.

---

[19] Os subsídios ao investimento são tratados como uma atividade de investimento. Contudo, consideramos que, de acordo com a sua substância, configuram também um financiamento da atividade. Nesse sentido, referir-nos-emos também a este tipo de transações no âmbito das atividades de financiamento.

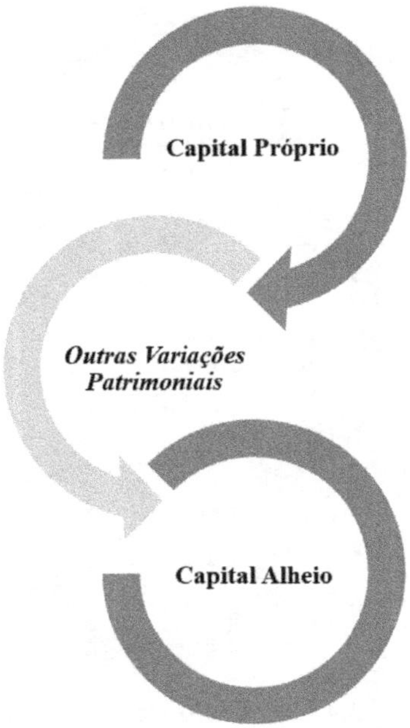

Figura 2.5 – O Ciclo do Financiamento

Este ciclo engloba, regra geral, as transações relacionadas com financiamentos obtidos, realizações ou reduções de capital e outros instrumentos de capital próprio, cobertura de prejuízos, doações, pagamento de juros e dividendos, entre outras transações de financiamento. Sublinhamos, neste contexto, o caso particular dos subsídios pois entendemos que a atribuição dos mesmos poderá configurar também uma operação de financiamento. Em sentido estrito, referimo-nos particularmente aos subsídios reembolsáveis, cuja relevação contabilística deverá ocorrer no Passivo.

A identificação dos diversos ciclos de transações, para além de evidenciar a importância intrínseca de cada um no desenvolvimento da atividade empresarial, serve de guia à organização estrutural que preconizámos para esta obra. Os desenvolvimentos efetuados nos próximos capítulos têm como base esses ciclos, especificando-se em cada caso, as principais problemáticas que norteiam os normativos contabilísticos.

2.7. CASOS PRÁTICOS E EXERCÍCIOS

Exercício 2.01

Tendo por base cada uma das situações identificadas abaixo (A a D), associe temporalmente e de forma quantificada, os conceitos de DESPESA, RECEITA, GASTO/PERDA, RÉDITO/RENDIMENTO/GANHO, PAGAMENTO E RECEBIMENTO. Refira-se também ao eventual impacto das transações nas demonstrações financeiras.

A: O *Grupo Empresarial X* lidera o setor da construção civil e obras públicas, desenvolvendo o seu negócio em quatro áreas distintas: Engenharia e Construção, Ambiente e Serviços, Concessões de Transportes e Mineração. Em dezembro do ano N adquiriu materiais de construção (*v.g.* cimento, ferro) no valor de 300.000 u.m. (Fatura n.º 8473), 50% dos quais foram consumidos ainda durante o ano N e os restantes em janeiro do ano N+1. A fatura foi paga ao fornecedor em janeiro do ano N+1, por transferência bancária, através do Banco Y.

B: A *Sociedade Alfa, S.A.* é uma das maiores explorações agropecuárias e florestais na península Ibérica. No dia 1 de agosto do ano N vendeu, por 224.000 u.m., parte da sua colheita de cortiça a uma empresa de fabricação de aglomerados. Este valor foi recebido (por transferência bancária) no dia 24 de outubro do mesmo ano (a margem obtida foi de 40% sobre o preço de custo). Para além disso, confirmou vir a dar o direito de preferência na venda da colheita de cortiça a extrair no montado sul no ano seguinte (N+1), e cujo valor previsível de venda poderá ascender a 180.000 u.m..

C: A *Sociedade Beta, S.A.* é líder global na área das energias renováveis, cujas atividades principais estão focalizadas na produção de energia limpa e verde, ou seja, energia sem emissões. A sua orientação estratégia relativamente ao ambiente assenta em quatro pilares fundamentais: a geração de energia isenta de CO_2 e sem recurso de água. Sabe-se que, em 1 de outubro do ano N, pagou a anuidade do seguro de responsabilidade civil de diversas instalações, no valor de 100.000 u.m.. A renovação da apólice teve efeitos no dia 1 de novembro do ano N.

D: Determinada companhia aérea está licenciada pela Autoridade Nacional de Aviação Civil (ANAC) para realizar transporte aéreo regular e transporte aéreo não regular (*charter*) de passageiros. Em novembro e dezembro do ano N, emitiu diversos bilhetes para viagens a realizar durante o verão do ano N+1. Todos os bilhetes emitidos são não reembolsáveis pelo que foram pagos pelos respetivos passageiros por transferência bancária ou através de cartão de crédito (300.000 u.m.).

Resolução:

Situação	Ano	Perspetiva Financeira		Perspetiva Económica		Perspetiva de Tesouraria		Balanço	Demonstração dos Resultados	Demonstração dos Fluxos de Caixa
		Despesa	Receita	Gasto	Rendimento	Pagamento	Recebimento			
A	N	300.000	--	150.000	--	--	--	X	X	--
	N+1	--	--	150.000	--	300.000	--	X	X	X
B[20]	N	--	224.000	160.000	224.000	--	224.000	X	X	X
	N+1	--	--	--	--	--	--	--	--	--
C	N	100.000	--	16.667	--	100.000	--	X	X	X
	N+1	--	--	83.333	--	--	--	X[21]	X	--
D	N	--	300.000	--	--	--	300.000	X	--	X
	N+1	--	--	--	300.000	--	--	X[22]	X	--

Exercício 2.02

Sabendo que a sociedade *ExtraTeam, S.A.* comercializa equipamentos informáticos, classifique os elementos patrimoniais identificados abaixo de acordo com a seguinte chave de classificação: *Ativo Não Corrente* (ANC); *Ativo Corrente* (AC); *Passivo Não Corrente* (PNC); *Passivo Corrente* (PC); *Capital Próprio* (CP).

1. Depósito à ordem no *Banco X*.
2. Dívida a pagar ao fornecedor *J. Martins, Lda.*
3. 10 impressoras, *modelo XTEC*, para revenda.
4. Edifício dos serviços comerciais e administrativos.

---

[20] O direito de preferência na venda da colheita de cortiça, a realizar em N+1, não será objeto de reconhecimento contabilístico. Tal facto poderá configurar a existência de contingências, as quais estão dependentes de acontecimentos futuros, não obrigatoriamente sobre o controlo da entidade.

[21] Uma vez que no ano de N+1 se procede à regularização do «Gasto/Custo Diferido», o qual foi reconhecido no Ativo no período económico N.

[22] Uma vez que no ano de N+1 se procede à regularização do «Rendimento/Proveito Diferido», o qual foi reconhecido no Passivo no período económico N.

5. Obrigações da Sociedade Anónima Desportiva, para negociação.
6. Descoberto bancário no *Banco Y.*
7. Viatura comercial.
8. 25 computadores, *modelo TRS567*, para revenda.
9. Mobiliário de escritório.
10. Cães de guarda aos armazéns.
11. Empréstimo concedido pelo *Banco Y*, a 10 anos, reembolsável semestralmente.
12. Impostos (IRS) e taxas retidas aos trabalhadores, a entregar ao Estado no mês seguinte.
13. Resultados obtidos durante os anos N-1 e N-2.
14. Dívida da empresa *Alfa, S.A.*, relativa à venda de artigos informáticos.
15. Remunerações a pagar aos colaboradores da empresa.
16. Caução relativa a imóvel cedido a terceiros em regime de arrendamento urbano (prazo de arrendamento de 5 anos).
17. Fotocopiadora utilizada no escritório.
18. Edifício arrendado à sociedade *Lemos & Almeida, SROC, Lda.*
19. Dívida a uma sociedade de leasing (período de 56 meses).
20. Lucros atribuídos e a pagar aos acionistas.
21. Participação de 35% na sociedade *Delta, S.A.*
22. Programas de computador diversos, para revenda.
23. Subsídios ao investimento não reembolsáveis.
24. Contribuições para a Segurança Social, a entregar no mês seguinte.
25. Ações e outros instrumentos financeiros, para negociação.
26. Estimativa para garantias a clientes (prazo de 2 anos).
27. Reservas de capital, constituídas nos termos legais.
28. Adiantamento de clientes, no valor de 30% da encomenda.

Resolução:

N.º	*Ativo Não Corrente* (ANC)	*Ativo Corrente* (AC)	*Passivo Não Corrente* (PNC)	*Passivo Corrente* (PC)	*Capital Próprio* (CP)
1		X			
2				X	
3		X			
4	X				
5		X			
6				X	
7	X				
8		X			
9	X				
10	X				
11			X	X	
12				X	
13					X
14		X			
15				X	
16			X		
17	X				
18	X				
19			X	X	
20				X	
21	X			X	
22		X			
23					X
24				X	
25		X			
26			X	X	
27					X
28				X	

Exercício 2.03

A atual empresa *Odissey2050, S.A.* resultou da fusão por incorporação da sociedade *Minesnor – Indústria Extrativa do Norte, S.A.* na sociedade *Mineralis – Indústrias Integradas de Extração Mineira, S.A.*, de acordo com a escritura realizada em dezembro do ano N-5. Esta fusão teve efeitos a partir do dia 1 de janeiro do ano N-4.

Do ponto de vista da sua política de sustentabilidade, a empresa procura corresponder às expectativas dos seus *stakeholders*, de forma a garantir o relacionamento a longo prazo baseado na confiança e na credibilidade. Ainda que a sua história seja recente, tem apostado numa estratégia de inovação, privilegiando a diversificação dos seus mercados, estando atenta a novas oportunidades de negócio que respeitem o meio ambiente e a sustentabilidade do planeta.

Balanço em 31.12.N e 31.12.N-1

RUBRICAS	NOTAS	31/12/N	31/12/N-1
ATIVO			
Ativo não corrente			
Ativos fixos tangíveis	3;7	11.626.668	12.395.543
Ativos intangíveis	3;6	21.198	38.552
Participações financeiras - MEP	3;5		
Participações financeiras – Outros métodos	3;5	36.000	36.000
Ativos por impostos diferidos	3	749.983	717.164
		12,433.848	13.187.259
Ativo corrente			
Inventários	3;12	2.343.131	1.827.644
Clientes	3;13	2.589.730	3.540.730
Adiantamentos a fornecedores	20	34.918	44.902
Estado e outros entes público	14	315.796	457.210
Outras contas a receber	3;15	50.586	20.732
Diferimentos	16	199.162	156.260
Caixa e depósitos bancários	17	44.783	50.336
		5.578.105	6.097.813
Total do ativo		18.011.954	19.285.072
CAPITAL PRÓPRIO E PASSIVO			
Capital próprio			
Capital subscrito	1	3.604.700	3.277.000
Reservas legais		73.119	73.119
Outras reservas		53.647	53.647
Resultados transitados	2	-3.838.121	-2.178.263
Ajustamentos em ativos financeiros		-21.489	-21.489
Excedentes de revalorização		5.576.165	5.855.921
Outras variações no capital próprio	2;26	569.864	596.118
Resultado líquido do período		-489.645	-1.930.191

RUBRICAS	NOTAS	31/12/N	31/12/N-1
Interesses minoritários			
Total dos capitais próprios	2	5.528.238	5.725.862
Passivo			
Passivo não corrente			
Financiamentos obtidos	18	1.917.090	3.464.433
Passivos por impostos diferidos	3	1.184.366	1.396.299
		3.101.456	4.860.732
Passivo corrente			
Fornecedores	20	2.546.483	2.260.235
Estado e outros entes públicos	14	110.408	119.785
Acionistas/Sócios	19	79.665	
Financiamentos obtidos	18	5.981.192	5.326.139
Outras contas a pagar	19	664.511	992.317
		9.382.260	8.698.476
Total do Passivo		12.483.716	13.559.209
Total do capital próprio e do passivo		18.011.954	19.285.072

Demonstração dos resultados por naturezas para os períodos findos em 31.12.N e 31.2.N-1

RENDIMENTOS E GASTOS	NOTAS	N	N-1
Vendas e serviços prestados	3;13;21	17.346.146	17.348.735
Subsídios à exploração			17.832
Variação da produção	12	547.019	-487.486
Custo das mercadorias vendidas e das matérias consumidas	12	-9.953.425	-9.832.501
Fornecimentos e serviços externos	22	-4.295.986	-4.700.161
Gastos com o pessoal	23	-2.375.738	-2.670.352
Imparidade de inventários (perdas/reversões)	9;12	-1.060	-2.958
Imparidades de dívidas a receber (perdas/reversões)	9	-21.737	-22.894
Outros rendimentos e ganhos	25	167.373	114.811
Outros gastos e perdas	27	-541.126	-560.322
Resultado antes de depreciações, gastos de financiamento e impostos		871.466	-795.295
Gastos/reversões de depreciação e de amortização	3;6;7	-912.074	-1.019.789
Resultado operacional (antes de gastos de financiamento e impostos)		-40.608	-1.815.085
Juros e gastos similares suportados	3;18;28	-652.362	-616.439
Resultado antes de impostos		-692.970	-2.431.524
Imposto sobre o rendimento do período	30	203.324	501.332
Resultado líquido do período		-489.646	-1.930.191
Resultado líquido por ação básico		-0,70	-2,90

Demonstração dos fluxos de caixa para os períodos findos em 31.12.N e 31.12.N-1

RUBRICAS	NOTAS	N	N-1
Fluxos de caixa das atividades operacionais			
Recebimentos de clientes		22.114.819	24.422.413
Pagamentos a fornecedores		-19.221.980	-22.152.333
Pagamentos ao pessoal		-1.854.138	-2.037.211
Caixa gerada pelas operações		1.038.701	232.869
Pagamento/recebimento do imposto sobre o rendimento		-70.156	-76.626
Outros recebimentos/pagamentos		395.731	-83.095
Fluxos de caixa das atividades operacionais (1)		1.364.276	73.147
Fluxos de caixa das atividades de investimento			
Pagamentos respeitantes a:			
Ativos fixos tangíveis		-127.429	-102.150
Ativos intangíveis		-25.584	
Investimentos financeiros			-3.500
Outros ativos			
Recebimentos provenientes de:			
Ativos fixos tangíveis			
Ativos intangíveis			
Investimentos financeiros			660
Outros ativos			109.770
Subsídios ao investimento			
Juros e rendimentos similares			
Dividendos			
Fluxos de caixa das atividades de investimento (2)		-153.013	4.780
Fluxos de caixa das atividades de financiamento			
Recebimentos provenientes de:			
Financiamentos obtidos			1.338.497
Realizações de capital e de outros instrumentos de capital próprio		327.700	
Cobertura de prejuízos			
Doações			
Outras operações de Financiamento			
Pagamentos respeitantes a:			
Financiamentos obtidos		-881.074	-782.346
Juros e gastos similares		-663.441	-598.742
Dividendos			
Reduções de capital e de outros instrumentos de capital próprio			
Outras operações de financiamento			
Fluxos de caixa das atividades de financiamento (3)		-1.216.815	-42.591
Variação de caixa e seus equivalentes (1+2+3)		-5.553	35.336
Efeito das diferenças de câmbio			
Caixa e seus equivalentes no início do período		50.336	15.000
Caixa e seus equivalentes no fim do período		44.783	50.336

Indique o valor lógico (V ou F) de cada uma das afirmações seguintes, sabendo que todos os valores estão expressos em euros:

1. No ano N, a empresa não pagou quaisquer juros relativos a financiamentos;
2. Tanto no ano N como no ano N-1, e empresa registou um prejuízo;
3. A principal fonte de financiamento dos recursos da sociedade é o capital próprio;
4. No final de cada ano em análise, a empresa não recorria a descobertos bancários;
5. No ano N, apenas o fluxo monetário gerado pelas atividades de investimento foi negativo;
6. A empresa não possuiu quaisquer dívidas a receber do Estado;
7. O endividamento de curto prazo é superior ao endividamento de médio e longo prazo;
8. Entre os anos N-1 e N, o EBIT melhorou em mais de 1.000.000 euros;
9. Os recebimentos de clientes são o principal fluxo monetário da empresa;
10. A empresa não tem registado quaisquer adiantamentos a fornecedores.

Resolução:

Afirmação	Valor lógico	Justificação
1	F	De acordo com a Demonstração dos Fluxos de Caixa, a empresa pagou, durante o ano N, 663.441 euros relativos a juros de financiamentos.
2	V	De acordo com o Capital Próprio ou com a Demonstração dos Resultados, o resultado líquido do período foi negativo em ambos os anos (de 489.646 euros e 1.930.191 euros, nos anos N e N-1, respetivamente).
3	F	Assumindo que as duas fontes de financiamento gerais são o capital próprio e o passivo, a principal fonte de financiamento em ambos os anos é o Passivo. Representa 69,3% e 70,3%, nos anos N e N-1, respetivamente.
4	V	O saldo de «Caixa e seus equivalentes no fim do período» apresentado na Demonstração dos Fluxos de Caixa corresponde aos saldos «Caixa e Depósitos Bancários» apresentados no Balanço, o que significa que a empresa não recorreu a descobertos bancários.
5	F	No ano N, tanto o fluxo de caixa das atividades de investimento como das atividades de financiamento foram negativos.

Afirmação	Valor lógico	Justificação
6	F	A empresa evidencia no Ativo Corrente dívidas a receber do Estado no valor de 315.796 euros (Estado e Outros Entes Públicos).
7	V	O Passivo Corrente é superior ao Passivo Não Corrente (Balanço).
8	V	De acordo com a Demonstração dos Resultados, a variação do EBIT (Resultado Operacional) foi de 1.774.477 euros.
9	V	De acordo com a Demonstração dos Fluxos de Caixa, a rubrica «Recebimentos de clientes» representa o maior fluxo monetário, em quaisquer dos anos em análise.
10	F	Os adiantamentos a fornecedores traduzem uma dívida a receber, sendo evidenciados no ativo. Ascendem a 34.918 euros e 44.902 euros, nos anos N e N-1, respetivamente.

Exercício 2.04

Sabendo que a empresa *Soluções, S. A.* desenvolve soluções informáticos para gestão de stocks e comercializa equipamentos informáticos, classifique os elementos patrimoniais identificados abaixo, de acordo com a seguinte chave de classificação: *Ativo Não Corrente* (ANC); *Ativo Corrente* (AC); *Passivo Não Corrente* (PNC); *Passivo Corrente* (PC); *Capital Próprio* (CP).

1. Dinheiro em caixa.
2. Descoberto bancário no *Banco Y.*
3. Computadores da marca GT, para revenda.
4. Computador usado em armazém para gestão de stocks.
5. Ações da sociedade *Feno, S.A.* detidas para negociação.
6. Carrinha comercial.
7. Dívida a fornecedor de mobiliário de escritório, a pagar em N+2.
8. Empréstimo obtido junto do Banco *BDF*, a 5 anos, reembolsável semestralmente.
9. Imposto sobre o rendimento das pessoas singulares (IRS) em dívida a favor do Estado, a entregar no mês seguinte.
10. Dívida a pagar ao fornecedor *Moita, Lda.*
11. Dívida da empresa *Lem, Lda*, relativa à venda de artigos informáticos.
12. Remunerações processadas, a pagar aos colaboradores da empresa.

13. Edifício arrendado à empresa *Saúde para todos, Lda.*
14. Lucros atribuídos aos acionistas.
15. Participação de 40% na sociedade *Estrela, S.A.*
16. Software de gestão, para revenda.
17. Subsídios ao investimento, não reembolsáveis.
18. Estimativa para garantias a clientes (prazo de 2 anos).
19. Reservas de capital, constituídas nos termos legais.
20. Adiantamento recebido de clientes, no valor de 10% da encomenda.
21. Lucro não distribuído, do ano N-1.
22. Direitos de representação, no mercado português, da marca *Lance.*
23. Adiantamento entregue ao fornecedor *JMB, S.A.*, por conta de compra a realizar.
24. Caução recebida em N-1 relativa a um contrato de arrendamento de um apartamento pelo prazo de 5 anos.
25. Dinheiro depositado em bancos.
26. Depósito bancário com maturidade de 3 anos.
27. Obrigações da sociedade *Marca Branca, S.A.*, detidas para negociação.
28. Edifício cedido a um hotel, para exploração comercial.
29. Ativo não corrente detido para venda, com contrato promessa de compra e venda já celebrado.
30. Dividendos a pagar aos acionistas da sociedade *Soluções, S.A.*

Resolução:

Nº	*Ativo Não Corrente* (ANC)	*Ativo Corrente* (AC)	*Passivo Não Corrente* (PNC)	*Passivo Corrente* (PC)	*Capital Próprio* (CP)
1		X			
2				X	
3		X			
4	X				
5		X			
6	X				
7			X		
8			X	X	
9				X	
10				X	
11		X			
12				X	
13	X				
14				X	
15	X				
16		X			
17					X
18			X		
19					X
20				X	
21					X
22	X				
23		X			
24			X		
25		X			
26	X				
27		X			
28	X				
29		X			
30				X	

Exercício 2.05

O grupo empresarial *Aventura e Bem Estar, S.A.* representa uma plataforma de negócio do setor do turismo, atualmente em forte expansão, tanto nacional como internacional. Tem o seu capital social representado por 53.000.000 ações cujo preço de mercado à data de 31 de dezembro do ano N e 31 de dezembro do ano N-1, era de 2,50 u.m. e 1,75 u.m., respetivamente. A empresa, no âmbito da sua missão, assume o compromisso de desenvolver uma estratégia empresarial de longo prazo que dê cumprimento à sua missão, aos seus valores, promovendo simultaneamente a sustentabilidade integrada dos negócios.

Considere as principais demonstrações financeiras consolidadas (Demonstração da Posição Financeira em 31.12.N e 31.12.N-1; Demonstração do Resultados e do Outro Rendimento Integral dos períodos findos em 31.12.N e 31.12.N-1; Demonstração dos Fluxos de Caixa dos períodos findos em 31.12.N e em 31.12.N-1; Notas).

Demonstração consolidada da posição financeira em 31.12.N e 31.12.N-1 (em u.M.)

RUBRICAS	NOTAS	31/12/N	31/12/N-1
ATIVO			
Ativo não correntes:			
Goodwill	14	32.808.529	31.926.000
Ativos intangíveis	14	11.448.091	13.845.081
Ativos fixos tangíveis	15	167.033.259	129.463.948
Propriedades de investimento		69.825	
Investimentos em associadas	18	3.268.747	4.033.056
Outros investimentos	19	311.628	66.200
Ativos por impostos diferidos	20	3.178.936	2.556.935
Outros ativos não correntes	21	8.296.945	8.296.945
Total de ativos não correntes		226.415.959	190.188.164
Ativo corrente			
Inventários	7;22	8.930.011	7.248.759
Clientes e adiantamentos a fornecedores	23	87.689.081	72.122.683
Outros devedores correntes	24	10.595.019	8.661.415
Estado e outros entes públicos	25	7.342.073	7.604.466
Outros ativos correntes	21	54.251.333	38.777.057

RUBRICAS	NOTAS	31/12/N	31/12/N-1
Caixa e depósitos bancários	26	83.476.796	120.173.190
Total de ativos correntes		252.284.312	254.587.571
Ativos não correntes detidos para venda	5	76.416	13.814.393
Total do ativo		478.776.687	458.590.128
CAPITAL PRÓPRIO E PASSIVO			
Capital próprio			
Capital	27	53.000.000	53.000.000
Prestações acessórias		14.350.000	14.350.000
Reserva legal	28	3.430.501	2.495.813
Outras reservas e resultados transitados		-15.113.286	-32.978.803
Resultado líquido consolidado		21.893.940	16.282.941
Capital próprio atribuível a acionistas		77.561.156	53.149.951
Interesses que não controlam	29	3.78.111	3.577.537
Total dos capitais próprios		81.269.266	56.727.488
Passivo			
Passivo não corrente			
Empréstimos	30	115.027.134	105.649.914
Credores por locações financeiras	31	58.919.624	70.852.585
Benefícios aos empregados	32;33	1.762.373	1.954.488
Provisões	33	12.974.908	12.759.637
Outros passivos não correntes	37	1.487.808	
Total de passivos não correntes		190.171.848	191.216.624
Passivo corrente			
Empréstimos	30	27.695.473	33.348.661
Credores por locações financeiras	31	10.460.085	12.353.257
Fornecedores e adiantamentos de clientes	34	86.184.115	74.964.533
Estado e outros entes públicos	25	18.616.687	17.532.413
Outros credores correntes	35	7.250.907	8.310.976
Outros passivos correntes	36	57.128.305	52.542.322
Total de passivos correntes		207.335.573	199.052.161
Passivos diretamente relacionados com ativos não correntes detidos para venda	5		11.593.855
Total do Passivo		397.507.421	401.862.640
Total do capital próprio e do passivo		478.776.687	458.590.128

Demonstração consolidada dos resultados e do outro rendimento integral nos períodos findos em 31.12.N e 31.12.N-1 (em u.M.)

RENDIMENTOS E GASTOS	NOTAS	N	N-1
Vendas e prestações de serviços	5;6	551.659.291	507.032.515
Outros rendimentos operacionais	5;6	8.516.064	7.374.493
Custo das vendas	7	-104.571.627	-93.900.917
Fornecimentos e serviços externos	8	-214.079.381	-198.451.972
Gastos com o pessoal	9	-172.859.576	-161.533.232
Amortizações e depreciações	17	-22.793.301	-21.037.940
Provisões e perdas por imparidade, líquido	33	1.471.945	-1.063.032
Outros custos operacionais	10	-5.168.692	-3.651.397
Resultados operacionais	5	42.174.723	34.768.518
Gastos e perdas financeiros	11	-11.683.759	-10.616.161
Rendimentos e ganhos financeiros	11	1.010.733	1.669.728
Resultados relativos a empresas associadas	11	363.658	326.679
Resultados relativos a atividades de investimento	11	-130.926	-19.414
Resultados financeiros	5	-10.440.293	-8.639.168
Resultados antes de impostos	5	31.734.429	26.129.350
Imposto sobre o rendimento	12	-9510.192	-8.956.763
Resultado líquido consolidado do período		22.224.237	17.163.587

Demonstração consolidada dos fluxos de caixa nos períodos findos em 31.12.N e 31.12.N-1 (em u.M.)

RUBRICAS	NOTAS	N	N-1
Fluxos de caixa das atividades operacionais			
Recebimentos de clientes		530.081.393	493.489.621
Pagamentos a fornecedores		-318.307.881	-301.173.293
Pagamentos ao pessoal		-172.130.342	-157.742.143
Caixa gerada pelas operações		39.643.170	34.574.185
Pagamento/recebimento do imposto sobre o rendimento		-8.974.402	-2.449.770
Outros recebimentos/pagamentos		2.651.585	3.756.846
Fluxos de caixa das atividades operacionais (1)		33.320.354	35.881.261
Fluxos de caixa das atividades de investimento			
Recebimentos provenientes de:			
Ativos financeiros e outros investimentos		7.684.204	1.258.700
Ativos fixos tangíveis		88.087	60.108.560
Juros e rendimentos similares		622.610	2.289.407
Dividendos		507.058	248.113
		8.901.960	63.904.780

RUBRICAS	NOTAS	N	N-1
Pagamentos respeitantes a:			
Ativos financeiros e outros investimentos		-15.213.081	-17.500
Ativos fixos tangíveis		-33.277.481	-57.253.817
Ativos intangíveis		-641.429	-769.482
		-49.131.991	-58.040.799
Fluxos de caixa das atividades de investimento (2)		-40.230.031	5.863.981
Fluxos de caixa das atividades de financiamento			
Recebimentos provenientes de:			
Empréstimos obtidos		203.233.120	108.176.664
Empréstimos a empresas do grupo		5.875.798	43.668.656
Outros		1.284.755	153.656
		210.393.674	151.998.976
Pagamentos respeitantes a:			
Empréstimos obtidos		-197.855.919	-96.464.314
Empréstimos a empresas do grupo		-5.979.258	-43.134.687
Amortizações de contratos de locação financeira		-20.957.655	-10.232.409
Juros e custos similares		-12.044.196	-16.236.011
Dividendos pagos e resultados distribuídos		-1.389.086	-985.346
Outros		-2.047.202	
		-240.273.316	-167.052.767
Fluxos de caixa das atividades de financiamento (3)		-29.879.642	-15.053.790
Variação de caixa e seus equivalentes (1+2+3)		-36.789.319	26.691.451
Efeitos da variação de perímetro		92.925	1.881.409
Caixa e seus equivalentes no início do período		120.173.190	91.600.330
Caixa e seus equivalentes no fim do período		83.476.796	120.173.190

Indique, justificando, o valor lógico (V ou F) de cada uma das afirmações indicadas abaixo (Nota: *no cálculo de percentagens, considere sempre um arredondamento de uma casa decimal).*

1. Entre os dois anos em análise, a variação do EBIT da empresa foi inferior a 20%.
2. É possível afirmar que, no final do ano N, o valor de mercado da empresa era inferior ao seu valor contabilístico.
3. Durante o ano N, os dividendos distribuídos aos acionistas foram superiores a 1 milhão de u.m..

4. Durante o ano N, a empresa não recorreu a quaisquer empréstimos bancários.
5. No final dos anos N-1 e N, este grupo empresarial recorria a descobertos bancários como forma de financiamento de curto prazo.
6. Entre os anos em análise, a sociedade não recebeu quaisquer valores relacionados com a alienação de ativos intangíveis.
7. Os gastos com o pessoal registaram, entre os anos em análise, um aumento superior a 12%.
8. No ano N, a amortização de empréstimos bancários representou o principal *exfluxo* monetário da empresa.
9. Em qualquer dos anos em análise, a empresa beneficiou de subsídios à exploração.
10. No ano N, a empresa pagou juros e custos similares num valor superior a 9 milhões de u.m..
11. Em qualquer dos anos em análise, os ativos fixos tangíveis constituíram o principal ativo da empresa.
12. No final do ano N-1, a empresa não possuía quaisquer imóveis arrendados a terceiros.
13. Em qualquer dos anos em análise, a empresa não possuía dívidas a receber do Estado.
14. Entre os anos N-1 e N, a empresa não constituiu quaisquer reservas de capital.
15. No ano N, a principal fonte de financiamento dos ativos foi o capital próprio.
16. O endividamento de médio e longo prazo foi superior a 50% em ambos os anos em análise.

Resolução:

Afirmação	Valor lógico	Justificação
1	F	De acordo com a Demonstração dos Resultados, a variação do Resultado Operacional (EBIT), entre os anos N-1 e N, foi de 21,3%.
2	F	Valor de mercado da empresa = 53.000.000 x 2,50 u.m. → VM = 132.500.000 u.m.; Valor contabilístico (Capital Próprio) = 81.269.266 u.m.
3	V	De acordo com a Demonstração dos Fluxos de Caixa, a empresa distribui dividendos aos seus acionistas, durante o ano N, no valor de 1.389.086 u.m..
4	F	De acordo com a Demonstração dos Fluxos de Caixa, a empresa contraiu durante o ano N, empréstimos no valor de 203.233.120 u.m..
5	F	O valor de «Caixa e seus equivalentes no fim do período» apresentado na Demonstração dos Fluxos de Caixa corresponde aos saldos «Caixa e Depósitos Bancários» apresentados no Balanço, o que significa que a empresa não recorreu a descobertos bancários.
6	V	De acordo com a Demonstração dos Fluxos de Caixa, a empresa não recebeu, tanto no ano N como no ano N-1, valores relativos à alienação de ativos intangíveis.
7	F	De acordo com a Demonstração dos Resultados, a rubrica de «Gastos com o pessoal» observou uma variação positiva de 7%.
8	F	De acordo com o Demonstração dos Fluxos de Caixa, o principal exfluxo monetário da empresa está evidenciado na rubrica «Pagamentos a fornecedores».
9	F	A Demonstração dos Resultados não evidencia o reconhecimento de quaisquer subsídios à exploração. Para além disso, também não são evidenciados na Demonstração dos Fluxos de Caixa quaisquer recebimentos relacionados com operações dessa natureza.
10	V	De acordo com a Demonstração dos Fluxos de Caixa, a empresa pagou durante o ano N, juros no valor de 12.044.196 u.m..
11	V	A quantia escriturada dos «Ativos fixos tangíveis» é de 167.033.259 u.m. e 129.463.948 u.m., no final dos anos N e N-1, respetivamente. Constituem o elemento ativo que observa a maior quantia escriturada.
12	V	No final do ano N-1, a empresa não possuía quaisquer «Propriedades de Investimento» reconhecidas no seu Balanço.
13	F	No final dos anos N e N-1, a empresa possuía dívidas a receber do Estado («Estado e outros Entes Públicos») no valor de 7.342.073 u.m. e 7.604.466 u.m., respetivamente.
14	F	Entre N-1 e N, a empresa reforçou, pelo menos, a sua «Reserva legal» (Capital Próprio).
15	F	A principal fonte de financiamento dos ativos é o Passivo (representa aproximadamente 83% das fontes de financiamento).
16	F	O passivo corrente é superior ao passivo não corrente em quaisquer dos anos.

Exercício 2.06

Indique o efeito de cada uma das transações seguintes (S_1 a S_6), ocorridas durante a primeira quinzena de dezembro de N:

- Tomando por base as rubricas contabilísticas (contas) que fazem parte integrante deste enunciado;
- Efetuando o registo no Diário, e garantindo o balanceamento entre o respetivo Débito e Crédito.

S_1: A empresa adquiriu mercadorias no valor de 200.000 u.m., tendo liquidado por transferência bancária o valor de 3.000 u.m. relativos a despesas de transportes e seguros. O valor em dívida foi pago em duas partes: 50% no ato da compra (por transferência bancária) e o restante a pagar no final do corrente ano.

S_2**:** Venda de mercadorias, a crédito, no valor de 322.000 u.m.. Foi concedido um desconto comercial correspondente a 10% do valor da venda. A margem bruta praticada, incidente sobre o preço de custo, foi de 40%, tendo as mercadorias sido entregues de imediato ao cliente.

S_3**:** Aquisição, a pronto pagamento, de equipamento industrial no valor de 100.000 u.m. com um desconto financeiro de 10% sobre a totalidade dos dispêndios. Suportou ainda despesas de transporte no valor de 2.000 u.m. e despesas de instalação no valor de 3.000 u.m.. A empresa fixou um período de vida útil de 10 anos para o referido equipamento, tendo reconhecido a depreciação correspondente ao mês de dezembro de N.

S_4**:** O valor das dívidas a receber de clientes evidenciado na demonstração da posição financeira encontra-se sobreavaliado em 120.000 u.m.. A empresa procedeu ao respetivo ajustamento contabilístico.

S_5**:** No início do ano N foi intentada contra a empresa, por parte de um colaborador, uma ação judicial. De acordo com o departamento jurídico, existe uma razoável probabilidade de que a empresa venha a ser condenada ao pagamento de uma indemnização que poderá ascender a 50.000 u.m..

S_6**:** Aquisição de 35% do capital social de uma empresa concorrente, pelo valor de 350.000 u.m., o qual foi liquidado por transferência bancária. De acordo com a avaliação efetuada por peritos financeiros, o capital próprio (ao justo valor) da empresa adquirida é de 800.000 u.m..

Lista de Contas/Rubricas contabilísticas

BALANÇO/DEMONSTRAÇÃO DA POSIÇÃO FINANCEIRA

Ativo Não Corrente (Investimentos)

- *Goodwill*
- Ativos intangíveis
- Ativos fixos tangíveis
- Propriedades de investimento
- Investimentos em associadas
- Outros investimentos
- Outros ativos não correntes
- *Depreciações e amortizações acumuladas**
- *Perdas por imparidade acumuladas**

Ativo Corrente

- Inventários
- Clientes
- Outros devedores
- Estado e outros entes públicos
- Outros ativos correntes
- Depósitos bancários
- Caixa
- *Perdas por imparidade acumuladas**

Passivo Não Corrente

- Empréstimos bancários
- Credores por locações financeiras
- Provisões
- Outros passivos não correntes

Passivo Corrente

- Empréstimos bancários
- Credores por locações financeiras
- Fornecedores
- Estado e outros entes públicos
- Outros passivos correntes

Capital Próprio

- Capital subscrito
- Reservas
- Resultados transitados
- Outras variações no capital próprio
- Resultado líquido do período

* Rubricas que traduzem reduções de valores do ativo.

DEMONSTRAÇÃO DOS RESULTADOS/DEMONSTRAÇÃO DO RENDIMENTO INTEGRAL

Rendimentos (Proveitos)

- Vendas
- Prestações de serviços
- Outros rendimentos operacionais
- Rendimentos e ganhos financeiros

Gastos (Custos)

- Custo das vendas
- Fornecimentos e serviços externos
- Gastos com o pessoal
- Gastos com depreciações e amortizações
- Perdas por imparidade
- Provisões do período
- Outros custos operacionais
- Gastos e perdas financeiros

Resultados

- Resultado líquido do período

Situação	Balanço (Demonstração da Posição Financeira)			Demonstração dos Resultados		Demonstração dos Fluxos de Caixa		
	Ativo	Passivo	Capital próprio	Rendimentos	Gastos	Atividades operacionais	Atividades de investimento	Atividades de financiamento
S_1	Inventários (+203.000) Depósitos bancários (-103.000)	Fornecedores (+100.000)	--	..	--	-103.000	--	--
S_{2A} (Pelo Preço de Venda Líquido)	Clientes (+289.800)	--	Resultado Líquido do Período (+289.800)	Vendas (+289.800)	--	--	--	--
S_{2B} (Pela Saída de Armazém)	Inventários (-230.000)	--	Resultado Líquido do Período (-230.000)	--	Custo das Vendas (+230.000)	--	--	--
S_{3A} (Aquisição)	Ativos Fixos tangíveis (+105.000) Depósitos bancários (-94.500)	--	Resultado Líquido do Período (+10.500)	Outros rendimentos operacionais (+10.500)	--	--	-94.500	--
S_{3B} Depreciação Anual	Depreciações e Amortizações Acumuladas[23] (+875)	--	Resultado Líquido do Período (-875)	--	Gastos com Depreciações e Amortizações (+875)	--	--	--

Situação	Balanço (Demonstração da Posição Financeira)			Demonstração dos Resultados		Demonstração dos Fluxos de Caixa		
	Ativo	Passivo	Capital próprio	Rendimentos	Gastos	Atividades operacionais	Atividades de investimento	Atividades de financiamento
S_4	Perdas por Imparidade Acumuladas (+120.000)[24]	--	Resultado Líquido do Período (-120.000)	--	Perdas por Imparidade (+120.000)	--	--	--
S_5	--	Provisões (+50.000)	Resultado Líquido do Período (-50.000)	--	Provisões do Período (+50.000)	--	--	--
S_6	Investimentos Financeiros (+280.000) *Goodwill* (+70.000) Depósitos Bancários (-350.000)	--	--	--	--	--	-350.000	--

[23] Em alternativa, poder-se-á evidenciar o impacto em "Ativos Fixos Tangíveis" (-10.500).

[24] Em alternativa, a perda por imparidade poderá ser relevada em "Clientes" ou "Contas a Receber" (-120.000).

Registos no Diário:

Situação	Descrição	Débito	Crédito	Valor
S1	Aquisição de mercadorias (inventários)	Inventários		203.000
			Fornecedores	100.000
			Depósitos à Ordem	103.000
S2(A)	Venda de mercadorias (receita)	Clientes	Vendas	289.800
S2(B)	Saída de armazém (entrega)	Custo das Vendas	Inventários	230.000
S3(A)	Aquisição de equipamento	Ativos Fixos Tangíveis		105.000
			Outros Rendimentos Operacionais	10.500
			Depósitos Bancários	94.500
S3(B)	Depreciação anual	Gastos com Depreciações e Amortizações	Depreciações e Amortizações Acumuladas	10.500
S4	Perda por imparidade em dívidas a receber	Perdas por Imparidade	Perdas por Imparidade Acumuladas	120.000
S5	Provisões para processos judiciais em curso	Provisões do Período	Provisões	50.000
S6	Aquisição de participação (empresa associada)	Investimentos em Associadas		280.000
		Goodwill		70.000
			Depósitos Bancários	350.000

Exercício 2.07

Indique o efeito de cada uma das transações seguintes, ocorridas durante o 4.º trimestre do ano N, nas demonstrações financeiras de determinada empresa, tomando por base a lista de contas (rubricas contabilísticas) apresentada de seguida:

Lista de Contas/Rubricas contabilísticas

BALANÇO/DEMONSTRAÇÃO DA POSIÇÃO FINANCEIRA
Ativo Não Corrente (Investimentos)

- Ativos intangíveis
- Ativos fixos tangíveis

- Propriedades de investimento
- Investimentos financeiros
- Outros investimentos
- Outros ativos não correntes
- *Depreciações acumuladas**
- *Perdas por imparidade acumuladas**

Ativo Corrente

- Inventários
- Clientes
- Outros devedores
- Estado e outros entes públicos
- Outras contas a receber
- Depósitos bancários
- Caixa
- *Perdas por imparidade acumuladas**

Passivo Não Corrente

- Financiamentos obtidos
- Credores por locações financeiras
- Provisões
- Outras contas a apagar

Passivo Corrente

- Financiamentos obtidos
- Credores por locações financeiras
- Fornecedores
- Estado e outros entes públicos
- Outras contas a pagar

Capital Próprio

- Capital subscrito
- Reservas
- Resultados transitados
- Outras variações no capital próprio
- Resultado líquido do período

* *Rubricas que traduzem reduções de valores do ativo.*

DEMONSTRAÇÃO DOS RESULTADOS/DEMONSTRAÇÃO DO RENDIMENTO INTEGRAL

Rendimentos (Proveitos)

- Vendas
- Prestações de serviços
- Subsídios à exploração
- Outros rendimentos e ganhos
- Rendimentos e ganhos financeiros

Gastos (Custos)

- Custo das mercadorias vendidas e das matérias consumidas
- Fornecimentos e serviços externos
- Gastos com o pessoal
- Gastos com depreciações e amortizações
- Perdas por imparidade
- Provisões do período
- Outros gastos
- Gastos e perdas financeiros

Resultados

- Resultado líquido do período

Operações contabilísticas:

1) A empresa contraiu, no início de outubro de N, junto do *Banco Atlântico, S.A.*, um financiamento bancário no valor de 150.000 u.m., amortizável ao longo de 5 anos em prestações trimestrais. A primeira prestação postecipada, no valor de 9.937 u.m., foi paga no final do ano N. Sabe-se que a amortização de capital corresponde a 7.500 u.m..
2) Aquisição, no final do ano N, de viatura ligeira de passageiros no valor de 45.000 u.m. em sistema de locação financeira. As rendas a pagar têm a periodicidade mensal e iniciar-se-ão em janeiro de N+1.
3) A empresa recebeu um subsídio para a aquisição de um equipamento industrial. O valor do subsídio, no montante de 40.000

u.m., corresponde a 50% do investimento. O equipamento foi adquirido no final do ano N, a crédito, entrando em funcionamento apenas no final do primeiro trimestre de N+1.

4) Pagamento ao Estado das retenções de IRS efetuadas no mês anterior, no âmbito do processamento de ordenados (valor: 23.000 u.m.).
5) Pagamento de deslocação de táxi no valor de 15 u.m. O pagamento foi efetuado em numerário.
6) Recebimento, por transferência bancária, de dívida de cliente, no valor de 43.000 u.m.
7) Processamento das remunerações, no valor bruto de 100.000 u.m., sobre os quais incidem 23,75% de TSU por conta da entidade patronal. As retenções efetuadas aos trabalhadores são de 11% relativas a TSU e de 20% relativas a IRS.
8) Atribuição de subsídio à exploração (compensação de quebras de produção), no valor de 150.000 u.m. Estima-se que o valor será recebido num horizonte temporal de três meses.

Registos no Diário:

Situação	Descrição	Débito	Crédito	Valor
1	Pagamento de prestação de financiamento	Gastos e perdas financeiros		2.437
		Financiamentos Obtidos		7.500
			Depósitos Bancários	9.937
2	Aquisição de viatura em sistema de leasing	Ativos Fixos Tangíveis	Credores por Locações Financeiras	45.000
3(A)	Recebimento de subsídio ao investimento	Depósitos Bancários	Outras Variações no Capital Próprio	40.000
3(B)	Aquisição de equipamento	Ativos Fixos Tangíveis	Outras Contas a Pagar	80.000
4	Entrega ao Estado das retenções de IRS	Estado e Outros Entes Públicos	Depósitos Bancários	23.000
5	Despesa com deslocação de táxi	Fornecimentos e Serviços Externos	Caixa	15
6	Recebimento de dívida de cliente	Depósitos Bancários	Clientes	43.000

Situação	Descrição	Débito	Crédito	Valor
7(A)	Processamento de remunerações	Gastos com o Pessoal		100.000
			Estado e Outros Entes Públicos (TSU)	11.000
			Estado e Outros Entes Públicos (IRS)	20.000
			Outras Contas a Pagar	69.000
7(B)	Encargos sobre remunerações – entidade patronal	Gastos com o Pessoal	Estado e Outros Entes Públicos (TSU)	25.000
8	Atribuição de subsídio à exploração	Outras Contas a Receber	Subsídios à Exploração	150.000

Situação	Balanço (demonstração da posição financeira)			Demonstração dos resultados		Demonstração dos fluxos de caixa		
	Ativo	Passivo	Capital próprio	Rendimentos	Gastos	Atividades operacionais	Atividades de investimento	Atividades de financiamento
1	Depósitos Bancários (-9.937)	Financiamentos Obtidos (-7.500)	Resultado Líquido do Período (-2.437)	--	Gastos e Perdas Financeiros (+2.437)	--	--	-9.937
2	Ativos Fixos Tangíveis (+45.000)	Credores por Locações financeiras (+45.000)	--	--	--	--	--	--
3(A)	Depósitos Bancários (+40.000)	--	Outras Variações no Capital Próprio (+40.000)	--	--	--	+40.000	--
3(B)	Ativos Fixos Tangíveis (+80.000)	Outras Contas a Pagar (+80.000)	--	--	--	--	--	--
4	Depósitos Bancários (-23.000)	Estado e Outros Entes Públicos (-23.000)	--	--	--	-23.000	--	--
5	Caixa (-15)	--	Resultado Líquido do Período (-15)	--	Fornecimentos e Serviços Externos (+15)	-15	--	--

Situação	Balanço (demonstração da posição financeira)			Demonstração dos resultados		Demonstração dos fluxos de caixa		
	Ativo	Passivo	Capital próprio	Rendimentos	Gastos	Atividades operacionais	Atividades de investimento	Atividades de financiamento
6	Depósitos Bancários (+43.000) Clientes (-43.000)	--	--	--	--	+43.000	--	--
7(A)	--	Estado e Outros Entes Públicos (+31.000) Outras Contas a Pagar (+69.000)	Resultado Líquido do Período (-100.000)	--	Gastos com o Pessoal (+100.000)	--	--	--
7(B)	--	Estado e Outros Entes Públicos (+23.750)	Resultado Líquido do Período (-23.750)	--	Gastos com o Pessoal (+23.750)	--	--	--
8	Outras Contas a Receber (+150.000)	--	Resultado Líquido do Período (+150.000)	Subsídios à Exploração (+150.000)	--	--	--	--

Exercício 2.08

Indique o efeito de cada uma das transações seguintes (A a G), ocorridas durante a primeira quinzena de dezembro de N:

- Tomando por base a lista de contas (rubricas contabilísticas) que constam deste enunciado;
- Efetuando o registo no Diário, garantindo o balanceamento entre o respetivo Débito e Crédito.

A: Venda de mercadorias, no valor de 200.000 u.m., tendo-se obtido um desconto de 5% pelo facto do recebimento ter ocorrido no momento da venda. As mercadorias estavam registadas em inventários pelo valor de 130.000 u.m., tendo as mesmas sido colocadas de imediato à disposição do adquirente.

B: Pagamento, por transferência bancária, dos dividendos atribuídos, em março do N, aos acionistas (valor de 90.000 u.m.).

C: Recebimento de renda de edifício arrendado a terceiros, no valor de 20.000 u.m., tendo o inquilino efetuado a respetiva retenção na fonte de IRC à taxa de 25%. O valor líquido foi recebido por transferência bancária.

D: Pagamento ao fornecedor de matérias-primas, de fatura recebida no mês anterior. O valor da fatura é de 75.000 u.m. e foi pago por transferência bancária.

E: Aquisição, a pronto pagamento, de marca comercial, no valor de 500.000 u.m., tendo-se estimado um período de vida útil de 20 anos. Não foi fixado qualquer valor residual para a referida marca.

F: Aquisição de 40% do capital social de uma empresa concorrente, pelo valor de 200.000 u.m., o qual foi pago por transferência bancária. De acordo com a avaliação efetuada por peritos financeiros, o capital próprio (ao justo valor) da empresa adquirida é de 700.000 u.m..

G: Recebimento de juros de depósito a prazo, no valor de 5.000 u.m.. A entidade bancária efetuou retenção de IRC à taxa de 28%. O valor foi creditado na conta de depósitos à ordem.

Lista de Contas/Rubricas contabilísticas

BALANÇO/DEMONSTRAÇÃO DA POSIÇÃO FINANCEIRA
Ativo Não Corrente (Investimentos)

- Ativos intangíveis
- Ativos fixos tangíveis
- Propriedades de investimento
- Investimentos Financeiros
- Outros investimentos
- Outros ativos não correntes
- *Depreciações e amortizações acumuladas**
- *Perdas por imparidade acumuladas**

Ativo Corrente

- Inventários
- Clientes
- Outros devedores
- Estado e outros entes públicos

- Outros ativos correntes
- Depósitos bancários
- Caixa
- *Perdas por imparidade acumuladas**

Passivo Não Corrente

- Empréstimos bancários
- Credores por locações financeiras
- Provisões
- Outros passivos não correntes

Passivo Corrente

- Empréstimos bancários
- Credores por locações financeiras
- Acionistas e sócios
- Fornecedores
- Estado e outros entes públicos
- Outros passivos correntes

Capital Próprio

- Capital subscrito
- Reservas
- Resultados transitados
- Outras variações no capital próprio
- Resultado líquido do período

* *Rubricas que traduzem reduções de valores do ativo.*

DEMONSTRAÇÃO DOS RESULTADOS/DEMONSTRAÇÃO DO RENDIMENTO INTEGRAL

Rendimentos (Proveitos)

- Vendas
- Prestações de serviços
- Outros rendimentos
- Rendimentos e ganhos financeiros

Gastos (Custos)

- Custo das mercadorias vendidas
- Fornecimentos e serviços externos
- Gastos com o pessoal
- Gastos com depreciações e amortizações
- Perdas por imparidade
- Provisões do período
- Outros gastos
- Gastos e perdas financeiros

Resultados

- Resultado líquido do período

Situação	Balanço (demonstração da posição financeira)			Demonstração dos resultados		Demonstração dos fluxos de caixa		
	Ativo	Passivo	Capital próprio	Rendimentos	Gastos	Atividades operacionais	Atividades de investimento	Atividades de financiamento
A(1)	Depósitos bancários (+190.000)	--	Resultado líquido do período (+190.000)	Vendas (+200.000)	Outros gastos (+10.000)	+190.000	--	--
A(2)	Inventários (-130.000)	--	Resultado líquido do período (-130.000)	--	Custo das mercadorias vendidas (+130.000)	--	--	--
B	Depósitos bancários (-90.000)	Acionistas e sócios (-90.000)	--	--	--	--	--	-90.000
C	Depósitos bancários (+15.000) Estado e outros entes públicos (+5.000)	--	Resultado líquido do período (+20.000)	Outros rendimentos (+20.000)	--	--	+15.000	--
D	Depósitos bancários (-75.000)	Fornecedores (-75.000)	--	--	--	-75.000	--	--

Situação	Balanço (demonstração da posição financeira)			Demonstração dos resultados		Demonstração dos fluxos de caixa		
	Ativo	Passivo	Capital próprio	Rendimentos	Gastos	Atividades operacionais	Atividades de investimento	Atividades de financiamento
E(1)	Ativos intangíveis (+500.000) Depósitos bancários (-500.000)	--	--	--	--	--	-500.000	--
E(2)	Depreciações e amortizações acumuladas[25] (+25.000)	--	Resultado líquido do período (-25.000)	--	Gastos com depreciações e amortizações (+25.000)	--	--	--
F	Investimentos financeiros (+280.000) Depósitos bancários (-200.000)	--	Resultado líquido do período (+80.000)	Outros rendimentos (+80.000)	--	--	-200.000	--
G	Depósitos bancários (+3.600) Estado e outros entes públicos (+1.400)	--	Resultado líquido do período (+5.000)	Rendimentos e ganhos financeiros (+5.000)	--	--	+3.600	--

Registos no Diário:

Situação	Descrição	Débito	Crédito	Valor
A(1)	Venda de mercadorias	Depósitos Bancários		190.000
		Outros Gastos		10.000
			Vendas	200.000
A(2)	Saída de armazém	Custo das Mercadorias Vendidas	Inventários	130.000
B	Pagamento de dividendos	Acionistas e Sócios	Depósitos Bancários	90.000
C	Recebimento de renda de edifício	Depósitos Bancários		15.000
		Estado e Outros Entes Públicos		5.000
			Outros Rendimentos	20.000
D	Pagamento de fatura emitida pro fornecedor	Fornecedores	Depósitos Bancários	75.000

[25] Em alternativa, o impacto da amortização do ativo intangível poderá ser identificado como «Ativos Intangíveis« (-25.000).

Situação	Descrição	Débito	Crédito	Valor
E(1)	Aquisição de marca	Ativos Intangíveis	Depósitos Bancários	500.000
E(2)	Amortização anual da marca	Gastos com Depreciações e Amortizações	Depreciações e Amortizações Acumuladas	25.000
F	Aquisição de participação em empresa associada com geração de *Negative Goodwill*	Investimentos Financeiros		280.000
			Outros Rendimentos	80.000
			Depósitos Bancários	200.000
G	Recebimento de juros de depósito a prazo	Depósitos Bancários		3.600
		Estado e Outros Entes Públicos		1.440
			Rendimentos e Ganhos Financeiros	5.000

Exercício 2.09

Considere o Extrato do Balanço da empresa *Alfa, S.A.*, com referência a 31 de dezembro do ano N, tal como evidenciado de seguida.

Balanço individual da empresa *Alfa, S.A.*

RUBRICAS	NOTAS	31 DEZEMBRO N (em u.m.)	31 DEZEMBRO N-1 (em u.m.)
ATIVO			
...		...	...
Caixa e equivalentes de caixa		410.000	85.000
Total do ativo		**7.240.000**	**6.430.000**
...		...	...

Considere que, durante o ano N ocorreram as seguintes transações:

1. Vendas e prestações de serviços, no valor total de 2.300.000 u.m., tendo recebido no período 70% desse valor;
2. Aquisições de mercadorias e matérias-primas no valor de 1.000.000 u.m., das quais 45% ainda se encontram por pagar;
3. Distribuiu e pagou dividendos aos seus acionistas no valor de 100.000 u.m.;

4. Depreciações dos ativos fixos tangíveis: 100.000 u.m.; Amortizações de ativos intangíveis: 53.000 u.m.;
5. Os pagamentos ao pessoal totalizaram 450.000 u.m.;
6. Contraiu um empréstimo junto do Banco G no valor de 400.000 u.m., tendo pago durante o ano N 350.000 u.m. a título de amortização de capital e 70.000 u.m. a título de juros;
7. Adquiriu a pronto pagamento diversas viaturas no valor total de 250.000 u.m.;
8. Recebeu 5.000 u.m. relativos a aplicações financeiras não correntes;
9. Registou imparidades em inventários no valor de 90.000 u.m.;
10. Os acionistas realizaram um aumento de capital no valor de 200.000 u.m., estando ainda por realizar 60% desse valor.

Tendo por base a informação anterior, pede-se que apresente a *Demonstração dos Fluxos de Caixa* da empresa *Alfa, S.A.*, relativa ao período N

Resolução:

RUBRICAS	NOTAS	N
Fluxos de caixa das atividades operacionais		
Recebimentos de clientes		1.610.000
Pagamentos a fornecedores		-550.000
Pagamentos ao pessoal		-450.000
Caixa gerada pelas operações		
Pagamento/recebimento do imposto sobre o rendimento		
Outros recebimentos/pagamentos		
Fluxos de caixa das atividades operacionais (1)		610.000
Fluxos de caixa das atividades de investimento		
Pagamentos respeitantes a:		
Ativos fixos tangíveis		-250.000
Ativos intangíveis		
Investimentos financeiros		
Outros ativos		
Recebimentos provenientes de:		
Ativos fixos tangíveis		
Ativos intangíveis		

RUBRICAS	NOTAS	N
Investimentos financeiros		5.000
Outros ativos		
Subsídios ao investimento		
Juros e rendimentos similares		
Dividendos		
Fluxos de caixa das atividades de investimento (2)		-245.000
Fluxos de caixa das atividades de financiamento		
Recebimentos provenientes de:		
Financiamentos obtidos		400.000
Realizações de capital e de outros instrumentos de capital próprio		80.000
Cobertura de prejuízos		
Doações		
Outras operações de Financiamento		
Pagamentos respeitantes a:		
Financiamentos obtidos		-350.000
Juros e gastos similares		-70.000
Dividendos		-100.000
Reduções de capital e de outros instrumentos de capital próprio		
Outras operações de financiamento		
Fluxos de caixa das atividades de financiamento (3)		-40.000
Variação de caixa e seus equivalentes (1+2+3)		325.000
Efeito das diferenças de câmbio		
Caixa e seus equivalentes no início do período		85.000
Caixa e seus equivalentes no fim do período		410.000

Exercício 2.10

Para cada uma delas, indique a opção correta, ou a mais correta.

1. A empresa *Alfa, S.A.* contratou, em finais de novembro do ano N, à empresa *Teleperformance*, a realização de uma campanha de telemarketing, a decorrer entre 1 de dezembro do ano N e 31 de janeiro do ano N+1. Na data da contratação dos serviços, reconheceu e pagou a fatura n.º 6876/AB, no valor de 50.000 u.m., correspondente a 25.000 u.m. mensais. Podemos afirmar que, no período económico de N, a empresa reconhece:
   A. Uma despesa e um gasto de 50.000 u.m..

B. Uma despesa e um gasto de 25.000 u.m..
C. Uma despesa de 50.000 u.m. e um gasto de 25.000 u.m..
D. Apenas um gasto de 25.000 u.m..

2. Considere as seguintes afirmações: A_1 – *A materialidade é uma característica qualitativa da informação*; A_2 – *A Demonstração do Rendimento Integral evidencia o desempenho da entidade ao longo de um período económico específico.*
   A. A_1 é verdadeira e A_2 é falsa.
   B. A_1 é falsa e A_2 é verdadeira.
   C. Ambas são verdadeiras.
   D. Ambas são falsas.
3. Considere que, relativamente a determinada sociedade, o seu património era constituído, em determinada data, exclusivamente pelos seguintes elementos patrimoniais (expressos em u.m.):
   - Dívidas a receber de clientes: 600.000;
   - Caução recebida de terceiros: 50.000;
   - Subsídios ao investimento: 200.000;
   - Inventários: 200.000;
   - Ativos fixos tangíveis: 1.000.000;
   - Depreciações acumuladas: 400.000;
   - Depósitos à ordem: 70.000;
   - Suprimentos de sócios: 40.000;
   - Empréstimo (Maturidade: 5 anos, reembolsável no final do prazo): 800.000;
   - Prejuízos acumulados anos anteriores: -150.000;
   - Adiantamento a fornecedores: 15.000;
   - Provisões: 140.000.

   Tendo por base a informação apresentada, podemos afirmar que o valor contabilístico da sociedade é de:
   A. 455.000 u.m.
   B. 535.000 u.m.
   C. 655.000 u.m.
   D. Nenhuma das anteriores.
4. Considere agora o seguinte elemento patrimonial adicional: – *Descoberto bancário* no valor de 95.000 u.m.. O valor contabilístico da sociedade passaria a ser:

A. 750.000 u.m.
B. 550.000 u.m.
C. 360.000 u.m.
D. Nenhuma das anteriores.

5. Qual das seguintes demonstrações financeiras evidencia as alterações da posição financeira da empresa num determinado período?
A. Demonstração dos Resultados.
B. Demonstração da Posição Financeira (Balanço).
C. Demonstração dos Fluxos de Caixa
D. Nenhuma das anteriores.

6. Determinada empresa adquiriu inventários pelo preço de compra de 140.000 u.m.. Suportou despesas de desalfandegamento de 21.000 u.m. e despesas de transporte e seguros no valor de 4.000 u.m.. Dada a quantidade de inventários adquirida, obteve do fornecedor um desconto de 15% sobre o preço de compra. Estes inventários devem ser reconhecidos no balanço pelo valor de:
A. 165.000 u.m.
B. 144.000 u.m.
C. 123.000 u.m.
D. Nenhuma das anteriores.

7. Considere as seguintes afirmações: A_1 – *O reconhecimento de uma despesa, de um gasto e de um pagamento nunca coincidem temporalmente*; A_2 – *No final da sua vida útil, a quantia escriturada de um ativo fixo tangível pode não ser nula.*
A. A_1 é verdadeira e A_2 é falsa.
B. A_1 é falsa e A_2 é verdadeira.
C. Ambas são verdadeiras.
D. Ambas são falsas.

8. Qual das seguintes designações, não traduz um atributo da fiabilidade da informação?
A. Substância sobre a forma.
B. Prudência.
C. Neutralidade.
D. Nenhuma das anteriores.

9. Considere a seguinte figura:

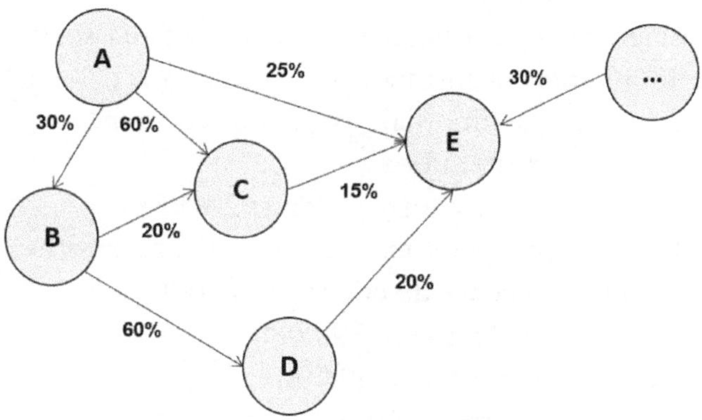

Qual das seguintes afirmações não é verdadeira?

A. A sociedade D é uma subsidiária da sociedade B.

B. A sociedade A exerce influência significativa sobre a sociedade B.

C. A sociedade A exerce controlo efetivo sobre a sociedade E.

D. Nenhuma das anteriores.

10. Considere que, durante o mês de dezembro de N-1, o promotor do concerto da *Mariza*, a realizar em março do ano N, no *Coliseu dos Recreios* em Lisboa, já vendeu bilhetes no valor de 90.000 u.m.. O valor desses bilhetes foi integralmente recebido no ato da venda, tendo sido emitido o respetivo documento vinculativo da transação. Na perspetiva do promotor, podemos considerar que em dezembro do ano N-1:

A. Se reconheceu uma receita e um rendimento de 90.000 u.m..

B. Se reconheceu um rendimento e um recebimento de 90.000 u.m..

C. Tanto a receita como o rendimento são diferidos.

D. Nenhuma das anteriores

11. Considere as seguintes afirmações: A_1 – *As imparidades traduzem sempre reduções de valores do ativo*; A_2 – *O EBITDA nunca incorpora o efeito das imparidades em investimentos depreciáveis e amortizáveis.*

A. A_1 é verdadeira e A_2 é falsa.

B. A_1 é falsa e A_2 é verdadeira.

C. Ambas são verdadeiras.
D. Ambas são falsas.

12. Considere que, relativamente a determinada sociedade, o seu património era constituído, em determinada data, pelos seguintes elementos patrimoniais (expressos em u.m.):
    - Inventários: 100.000;
    - Adiantamentos a fornecedores: 20.000;
    - Lucros e prejuízos acumulados de anos anteriores: 70.000;
    - Dívidas a receber de clientes: 180.000;
    - Ativos fixos tangíveis: 700.000;
    - Descoberto bancário: 30.000;
    - Depósitos à ordem: 60.000;
    - Dívida do empregado M. Almeida: 5.000;
    - Empréstimo (Maturidade: 3 anos, reembolsável no final do prazo): 500.000;
    - Capital social: 200.000;
    - Dívidas do Estado: 15.000;
    - Adiantamentos de clientes: 40.000.

    Tendo por base a informação apresentada, podemos afirmar que o valor contabilístico da sociedade é de:

    A. 550.000 u.m.
    B. 510.000 u.m.
    C. 460.000 u.m.
    D. Nenhuma das anteriores.

13. Tomando por base os dados da questão anterior, podemos afirmar que o quociente entre o *Ativo Corrente* e o *Passivo Corrente* é de aproximadamente:

    A. 5,43
    B. 6,09
    C. 7,38
    D. Nenhuma das anteriores.

14. Qual das seguintes demonstrações financeiras evidencia o desempenho económico da empresa num determinado momento?

    A. Demonstração dos Resultados.
    B. Demonstração da Posição Financeira (Balanço).

C. Demonstração dos Fluxos de Caixa
D. Nenhuma das anteriores.

15. Determinada empresa adquiriu em janeiro do ano N, um equipamento industrial pelo preço de compra de 100.000 u.m., tendo suportado despesas de transporte e seguros no valor de 2.000 u.m.. Obteve do fornecedor um desconto financeiro de 10% sobre o preço de compra. Sabendo que fixou um período de vida útil de 4 anos e um valor residual de cerca de 15% sobre o custo de aquisição para o referido equipamento, a depreciação a reconhecer no ano N deverá ascender a:
A. 25.500 u.m.
B. 21.675 u.m.
C. 19.550 u.m.
D. Nenhuma das anteriores.

16. Considere as seguintes afirmações: A_1 – *Um passivo contingente nunca é reconhecido na demonstração da posição financeira*; A_2 – *Todos os ativos fixos tangíveis são sujeitos a depreciação.*
A. A_1 é verdadeira e A_2 é falsa.
B. A_1 é falsa e A_2 é verdadeira.
C. Ambas são verdadeiras.
D. Ambas são falsas.

17. Considere que, durante o mês de julho do ano N, determinada companhia aérea vendeu viagens que serão realizadas durante o primeiro semestre de N+1. O valor dessas viagens (250.000 u.m.) foi integralmente recebido no ato da venda (com a emissão do bilhete eletrónico), tendo sido emitido o respetivo documento vinculativo da transação. Na perspetiva da companhia aérea, podemos considerar que em julho do ano N:
A. Se reconheceu uma receita e um rendimento no valor de 250.000 u.m.
B. Se reconheceu um rendimento e um recebimento no valor de 250.000 u.m.
C. Apenas uma receita e um recebimento no valor de 250.000 u.m.
D. Nenhuma das anteriores

18. Considere as seguintes afirmações: A_1 – *O recebimento de dividendos por participação de capital numa empresa subsidiária traduz um influxo proveniente de atividades de financiamento;* A_2 – *O EBITDA pode incorporar o efeito de algumas imparidades.*
    A. A_1 é verdadeira e A_2 é falsa.
    B. A_1 é falsa e A_2 é verdadeira.
    C. Ambas são verdadeiras.
    D. Ambas são falsas.
19. Considere que, relativamente a determinada sociedade, o seu património era constituído, em determinada data, pelos seguintes elementos patrimoniais (expressos em u.m.):
    - Inventários: 340.000;
    - Adiantamentos de clientes: 20.000;
    - Prejuízos acumulados de anos anteriores: 50.000;
    - Ativos fixos tangíveis: 900.000;
    - Descoberto bancário: 45.000;
    - Depósitos à ordem: 70.000;
    - Dívida do empregado M. Almeida: 10.000;
    - Empréstimo (maturidade de 3 anos, reembolsável no final do prazo): 600.000;
    - Ativos intangíveis: 100.000;
    - Capital social: 200.000;
    - Dívidas ao Estado: 60.000;
    - Adiantamentos a fornecedores: 30.000.

    Tendo por base a informação apresentada, podemos afirmar que o valor contabilístico da sociedade é de:
    A. 520.000 u.m.
    B. 725.000 u.m.
    C. 745.000 u.m.
    D. Nenhuma das anteriores.
20. Tome por base os dados da questão anterior. Sabendo que os ativos depreciáveis têm uma vida útil de 10 anos, que estão apresentados pela sua quantia bruta e que foi fixado pela empresa um valor residual de 15%, o valor das depreciações a reconhecer em cada período é:
    A. 76.500 u.m.

B. 85.000 u.m.
C. 90.000 u.m.
D. Nenhuma das anteriores.

21. Qual das seguintes demonstrações financeiras evidencia as alterações ocorridas na posição financeira de determinada entidade?
A. Demonstração dos Resultados.
B. Demonstração da Posição Financeira (Balanço).
C. Demonstração dos Fluxos de Caixa.
D. Nenhuma das anteriores.

22. Determinada empresa adquiriu em janeiro do ano N, um equipamento industrial pelo preço de compra de 200.000 u.m., tendo suportado despesas de transporte e seguros no valor de 10.000 u.m.. Obteve do fornecedor um desconto comercial de 10% sobre o preço de compra. O referido ativo deverá ser mensurado inicialmente por:
A. 190.000 u.m.
B. 200.000 u.m.
C. 210.000 u.m.
D. Nenhuma das anteriores.

23. Considere as seguintes afirmações: A_1 – *Um passivo contingente nunca é integrado no relato financeiro de uma entidade*; A_2 – *Todos os ativos intangíveis têm vida útil finita.*
A. A_1 é verdadeira e A_2 é falsa.
B. A_1 é falsa e A_2 é verdadeira.
C. Ambas são verdadeiras.
D. Ambas são falsas.

24. Considere o grupo empresarial *SharePoint, S.A.* apresentado na seguinte figura.

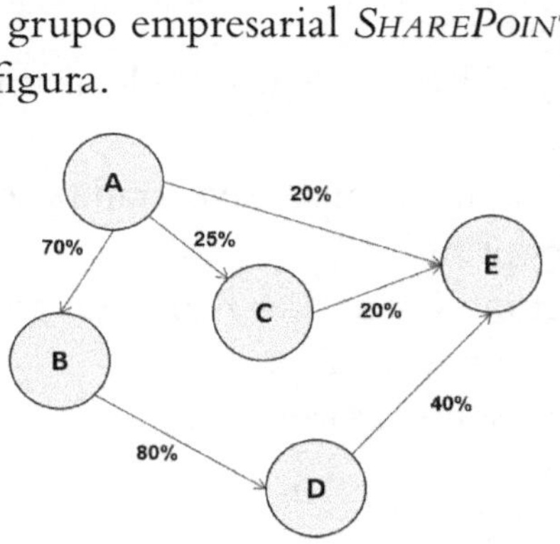

Qual das seguintes afirmações não é verdadeira?

A. A empresa B é uma subsidiária da empresa A.

B. A percentagem de controlo da empresa A sobre a empresa E é de 60%.

C. A percentagem de interesse (participação) da empresa A na empresa E é de 47,4%.

D. Nenhuma das anteriores

25. A empresa *ACSoft, S.A.* adquiriu, em novembro do ano N, um equipamento industrial nas seguintes condições:
    - Preço de compra: 150.000 u.m.;
    - Despesas de transporte: 2.000 u.m.;
    - Desconto de pronto pagamento: 15.000 u.m.;
    - Despesas com a instalação: 4.000 u.m.;
    - Despesas administrativas relativas à encomenda e registo da transação: 500 u.m..

    Este ativo deverá reconhecido inicialmente no Balanço (Demonstração da Posição Financeira) por:

    A. 141.000 u.m.

    B. 150.000 u.m.

    C. 156.000 u.m.

    D. Nenhuma das anteriores

26. Na perspetiva da empresa *Alfa, S.A.*, qual das seguintes afirmações é verdadeira?

    A. O pagamento de dividendos aos seus acionistas é uma atividade de investimento.

    B. Existem subsídios que não afetam o capital próprio, direta ou indiretamente.

    C. Uma imparidade pode não traduzir uma redução do valor do ativo.

    D. A depreciação de um ativo traduz-se num aumento do capital próprio.

27. Qual dos seguintes conceitos não é um atributo da fiabilidade da informação financeira?

    A. Substância sobre a forma.

    B. Prudência.

    C. Materialidade.

D. Neutralidade.

28. Na perspetiva da empresa Beta, S.A., qual das seguintes afirmações é verdadeira?
    A. Nem todos os réditos são rendimentos da entidade.
    B. Um passivo contingente deve ser sempre incluído no relato financeiro da empresa.
    C. O capital próprio da empresa é sempre inferior ao valor do ativo.
    D. Uma provisão é uma obrigação de quantia certa.
29. Determinada empresa, prestadora de serviços de consultoria, emitiu no início do mês de dezembro de N, uma fatura relativa aos serviços a prestar durante o mês de dezembro do ano N e durante os meses de janeiro e fevereiro do ano N+1 (valor mensal de 50.000 u.m.). Esta fatura, no valor total de 150.000 u.m., foi liquidada no final do ano N. Com base nesta informação, podemos afirmar que, durante o mês de dezembro do ano N se observou:
    A. Uma receita e um rendimento de 150.000 u.m.
    B. Uma receita e um recebimento de 150.000 u.m.
    C. Um rendimento e um recebimento de 150.000 u.m.
    D. Nenhuma das anteriores.
30. Considere que em determinada data, a empresa *Alfa, S.A.* possuía os seguintes elementos patrimoniais:
    - Inventários: 200.000 u.m.;
    - Cauções pagas a terceiros (curto prazo): 30.000 u.m.;
    - Dívidas a receber de clientes: 200.000 u.m.;
    - Adiantamentos de clientes: 10.000 u.m.;
    - Caixa e depósitos à ordem: 40.000 u.m.;
    - Imparidades em dívidas a receber: 50.000 u.m;
    - Ativos fixos tangíveis: 700.000 u.m.;
    - Descobertos bancários: 5.000 u.m.;
    - Empréstimos obtidos: 490.000 u.m..

    Tendo por base estes elementos, o valor do Ativo Corrente é de:
    A. 355.000 u.m.
    B. 360.000 u.m.
    C. 420.000 u.m.
    D. Nenhuma das anteriores.

Resolução:

Nº	Resposta	Nº	Resposta	Nº	Resposta
1	C	11	C	21	C
2	B	12	B	22	A
3	A	13	A	23	D
4	C	14	D	24	D
5	C	15	B	25	C
6	B	16	A	26	B
7	B	17	C	27	C
8	D	18	B	28	B
9	C	19	B	29	B
10	D	20	A	30	C

Exercício 2.11

Considere os elementos patrimoniais seguintes, com referência a 31 de dezembro do ano N. Com base nesses elementos, responda às questões 1 a 3.

- Mobiliário e equipamentos industriais diversos: 500.000 euros;
- Dívidas a receber de clientes: 310.000 euros;
- Provisões para processos judiciais em curso (longo prazo): 180.000 euros;
- Descoberto bancário autorizado em 250.000 euros, e utilizado em 140.000 euros;
- Mercadorias em armazém: 235.000 euros;
- Adiantamento a fornecedores de investimentos: 95.000 euros;
- Depósitos à ordem: 80.000 euros;
- Dívidas a pagar a fornecedores de inventários: 190.000 euros;
- Retenções de IRC efetuadas por terceiros por conta da empresa: 45.000 euros;
- Depreciações e amortizações de ativos: 170.000 euros;
- Dívidas a pagar à Autoridade Tributária e à Segurança Social: 65.000 euros;
- Capital social: 150.000 euros.

1. Com base na informação anteriormente apresentada na tabela, podemos afirmar que o valor contabilístico da empresa ascende a:
   A. 145.000 euros.
   B. 235.000 euros.
   C. 520.000 euros.
   D. Nenhuma das anteriores.
2. Ainda com base nos valores apresentados, podemos concluir que a diferença entre o "*Ativo Corrente*" e o "*Passivo Corrente*" é de:
   A. (20.000 euros).
   B. 185.000 euros.
   C. 370.000 euros.
   D. Nenhuma das anteriores.
3. Tome ainda por base a informação apresentada. Admita agora que a empresa pagou a totalidade das dívidas à Autoridade Tributária e à Segurança Social. Qual das seguintes afirmações é verdadeira?
   A. O valor do capital próprio da empresa não sofreu qualquer alteração.
   B. O capital próprio da empresa observou uma variação negativa de 65.000 euros.
   C. Apenas o Passivo Corrente observou uma variação de 65.000 euros.
   D. Nenhuma das anteriores.
4. Qual das seguintes demonstrações financeiras não se refere a um período económico?
   A. Balanço (Demonstração da Posição Financeira).
   B. Demonstração dos Fluxos de Caixa.
   C. Demonstração do Rendimento Integral.
   D. Demonstração de Alterações no Capital Próprio.
5. Admita que em determinado momento, a agência de notação financeira FITCH atribuiu à empresa *Delta* a notação de BBB-. Podemos afirmar que:
   A. Se trata de um nível de investimento, embora de natureza especulativa.
   B. Se trata de um nível de investimento em que o mesmo é desaconselhado.

C. Se trata de um nível de investimento em que o mesmo é recomendado.
D. Se trata de um nível de notação em que se aconselha o desinvestimento.

6. Determinada empresa adquiriu inventários pelo preço de compra de 100.000 euros. Suportou despesas de desalfandegamento de 10.000 euros e despesas de transporte e seguros no valor de 5.000 euros. Obteve do fornecedor um desconto financeiro sobre o preço de compra de 20%. Estes inventários devem ser reconhecidos no balanço da empresa pelo valor de:
A. 95.000 euros.
B. 100.000 euros.
C. 115.000 euros.
D. Nenhuma das opções anteriores está correta.

7. Considere a figura abaixo e indique qual das afirmações é verdadeira?

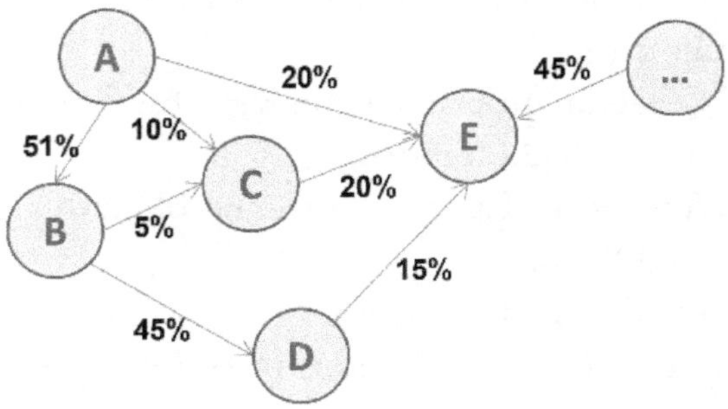

A. A empresa B é uma empresa associada da empresa A.
B. A empresa A exerce influência significativa sobre a empresa C.
C. A percentagem de interesse da empresa A na empresa C é de 15%.
D. Nenhuma das afirmações anteriores está correta.

8. Assumir que as demonstrações financeiras estão isentas de erros e omissões, está associado à característica qualitativa da:
A. Compreensibilidade.
B. Relevância.
C. Comparabilidade.
D. Nenhuma das opções anteriores está correta.

9. Considere as seguintes afirmações: A_1 – *O reconhecimento contabilístico de uma despesa, de um gasto, e de um pagamento, nunca coincidem temporalmente*; A_2 – *No final da sua vida útil, a quantia escriturada de um ativo intangível pode não ser nula*. Podemos afirmar que:
   A. Ambas são verdadeiras.
   B. Ambas são falsas.
   C. A_1 é verdadeira e A_2 é falsa.
   D. A_1 é falsa e A_2 é verdadeira.
10. Determinada empresa adquiriu em junho de 2022 um ativo fixo tangível por 120.000 euros, tendo fixado um período de vida útil de 5 anos e um valor residual de 20%. Qual o valor da depreciação a reconhecer no ano de 2022, assumindo que a empresa optou pela base duodecimal?
    A. 9.600 euros.
    B. 1.200 euros.
    C. 19.200 euros.
    D. Nenhuma das opções anteriores está correta.
11. Qual das seguintes atividades não se enquadra no Ciclo do Investimento?
    A. Recebimento de subsídio ao investimento, não reembolsável.
    B. Pagamento de suprimentos aos sócios da empresa.
    C. Recebimento de renda relativa a propriedade de investimento.
    D. Nenhuma das afirmações anteriores está correta.
12. Qual a melhor expressão que traduz o conceito de imparidade?
    A. Excedente da quantia recuperável de um ativo em relação à sua quantia escriturada.
    B. Excedente da quantia escriturada de um ativo em relação à sua quantia recuperável.
    C. Estimativa do valor recuperável de um ativo.
    D. Estimativa associada a acontecimentos de tempestividade incerta e de valor incerto.

13. Qual dos seguintes conceitos não é um atributo da fiabilidade da informação financeira?
    A. Materialidade.
    B. Prudência.
    C. Plenitude.
    D. Substância sobre a forma.
14. Considere as seguintes afirmações: A_1 – *Todos os ativos fixos tangíveis são depreciáveis*; A_2 – *Em determinadas circunstâncias, os imóveis podem ser classificados como inventários.*
    A. Ambas são verdadeiras.
    B. Ambas são falsas.
    C. A_1 é verdadeira e A_2 é falsa.
    D. A_1 é falsa e A_2 é verdadeira.
15. Determinada empresa constituiu, no dia 1 de novembro de 2022, um depósito a prazo a 6 meses, no valor de 150.000 euros, com uma remuneração (juro) à taxa semestral de 0,05%, e a pagar no final do período (1 de maio de 2023). Perante tal facto, podemos afirmar que, ainda em 2022, ocorreu:
    A. Uma despesa de 150.000 euros e um rendimento de 1.500 euros.
    B. Um pagamento de 150.000 euros e um rendimento de 250 euros.
    C. Apenas um rendimento de 250 euros.
    D. Nenhuma das afirmações anteriores está correta.

Considere as seguintes demonstrações financeiras:

Demonstração da Posição Financeira Consolidada da empresa X, em 31.12.N e 31.12.N-1

RUBRICAS	NOTAS	DATAS	
		31.12.N	31 .12.N-1
ATIVO			
Ativo não corrente			
Goodwill		333.842.893	331.146.928
Ativos intangíveis		345.068.211	313.145.496
Ativos fixos tangíveis		1.732.729.259	1.802.961.376
Ativos sob direitos de uso		97.398.354	81.006.516
Ativos biológicos		147.324.061	148.584.452
Investimentos em associadas e empreendimentos conjuntos		4.097.178	3.117.099
Propriedades de investimento		368.848	371.260
Outros investimentos financeiros		21.244.092	9.403.561
Valores a receber não correntes		12.120.307	37.194.260
Ativos por impostos diferidos		90.299.604	73.621.270
		2.784.492.817	**2.800.552.218**
Ativo corrente			
Inventários		259.384.961	236.543.966
Valores a receber correntes		432.077.177	331.854.764
Imposto sobre o rendimento		8.287.130	13.126.350
Caixa e equivalentes de caixa		382.287.392	444.755.259
		1.086.199.119	**1.030.442.798**
Total do ativo		**3.870.691.936**	**3.830.995.016**

CAPITAL PRÓPRIO E PASSIVO			
Capital próprio			
Capital social		81.270.000	81.270.000
Ações próprias		(15.946.363)	(15.946.363)
Reserva de conversão cambial		(234.772.441)	(218.994.285)
Reserva de justo valor		(2.291.184)	(3.922.725)
Reserva legal		16.695.625	16.695.625
Outras reservas		1.048.397.118	987.702.156
Resultados transitados		832.780	429.769
Resultado líquido do exercício		249.954.289	142.248.856
Interesses que não controlam		201.287.613	218.493.570
Total do capital próprio		**1.345.427.437**	**1.207.976.603**
Passivo			
Passivo não corrente			
Financiamentos obtidos		1.119.730.077	1.199.559.876
Passivos de locação		81.377.645	67.729.016
Responsabilidades por benefícios definidos		6.978.807	14.511.206
Passivos por impostos diferidos		231.393.956	231.285.380
Provisões		52.482.945	50.940.318
Valores a pagar não correntes		37.014.427	30.234.239
		1.528.877.857	**1.594.260.035**
Passivo corrente			
Financiamentos obtidos		278.153.916	460.926.030
Passivos de locação		15.312.306	12.410.630
Valores a pagar correntes		647.350.258	503.814.326
Imposto sobre o rendimento		55.570.162	51.607.392
		996.386.642	**1.028.758.378**
Total do passivo		**2.525.264.499**	**2.623.018.413**
Total do capital próprio e do passivo		**3.870.691.936**	**3.830.995.016**

Demonstração dos Resultados Consolidada da empresa X para os períodos findos em 31.12.N e 31.12.N-1

RENDIMENTOS E GASTOS	NOTAS	PERÍODOS	
		N	N-1
Réditos		2.131.384.149	1.867.370.709
Outros rendimentos e ganhos operacionais		96.921.389	98.888.960
Variação do justo valor nos ativos biológicos		(1.260.392)	16.814.611
Custo das mercadorias vendida e das matérias consumidas		(787.618.058)	(711.172.799)
Variação da produção		5.111.833	(31.009.753)
Fornecimentos e serviços externos		(607.961.284)	(547.553.328)
Gastos com o pessoal		(248.316.920)	(217.298.957)
Outros gastos e perdas operacionais		(79.586.925)	(56.731.506)
Provisões líquidas		(4.674.414)	(5.453.390)
Depreciações, amortizações e perdas por imparidade em ativos não financeiros		(193.920.507)	(214.630.503)
Resultado operacional		**310.078.871**	**199.224.044**
Resultados de associadas e empreendimentos conjuntos		2.101.110	1.490.686
Rendimentos e ganhos financeiros		5.042.207	21.646.417
Gastos e perdas financeiros		(56.492.927)	(83.049.680)
Posição monetário líquida (ganhos/perdas)		7.214.110	13.940.475
Resultado antes de impostos		267.943.371	154.251.942
Imposto sobre o rendimento do período		(17.989.082)	(12.003.086)
Resultado líquido do período		**249.954.289**	**142.248.856**

Demonstração dos Fluxos de Caixa da empresa X para os períodos findos em 31.12.N e 31.12.N-1

	NOTAS	PERÍODOS	
		N	N-1
ATIVIDADES OPERACIONAIS			
Recebimentos de clientes		2.212.815.890	2.081.001.182
Pagamentos a fornecedores		(1.556.971.990)	(1.413.698.283)
Pagamentos ao pessoal		(170.235.475)	(169.502.371)
Caixa gerada pelas operações		485.608.425	497.800.528
Pagamento/recebimento do imposto sobre o rendimento		(23.250.071)	11.834.059
Outros recebimentos/pagamentos		23.954.396	(11.289.690)
Fluxos de caixa das atividades operacionais (1)		**486.312.750**	**498.344.897**
ATIVIDADES DE INVESTIMENTO			
Recebimentos provenientes de:			
Investimentos financeiros		5.789.524	9.680.823
Ativos intangíveis		6.626.339	2.191.595
Juros e rendimentos similares		5.891.587	5.256.803
Dividendos de associadas e empreendimentos conjuntos		1.125.004	772.090
Pagamentos respeitantes a:			
Investimentos financeiros		(17.660.381)	(6.404.087)
Saldos de caixa e equivalentes de caixa por variação de perímetro		155.089	
Ativos fixos tangíveis		(125.733.783)	(116.754.827)
Ativos intangíveis		(17.416.194)	(4.611.698)
Outros ativos			(211.548)
Fluxos de caixa das atividades de investimento (2)		(141.232.615)	(110.080.849)
ATIVIDADES DE FINANCIAMENTO			
Recebimentos provenientes de:			
Financiamentos obtidos		1.928.819.790	2.064.031.284
Pagamentos respeitantes a:			
Financiamentos obtidos		(2.187.632.702)	(2.095.936.529)
Amortizações de contratos de locação financeira		(19.948.814)	(10.200.860)
Juros e gastos similares		(38.828.331)	(49.446.871)
Dividendos		(86.198.246)	(70.416.811)
Aquisição de ações próprias			(7.023.383)
Outras operações de financiamento		(4.472.875)	(1.371.910)
Fluxos de caixa das atividades de financiamento (3)		**(408.261.178)**	**(179.385.080)**
Variação de caixa e seus equivalentes (1+2+3)		**(63.181.043)**	**208.895.968**
Efeito das diferenças de câmbio		**(6.901)**	**(23.318.885)**
Efeitos da hiperinflação em caixa e seus equivalentes		**(469.363)**	**(297.786)**
Caixa e seus equivalentes no início do período		**444.755.259**	**259.241.193**
Efeitos de Imparidades em equivalentes de caixa		**1.189.440**	**231.770**
Caixa e seus equivalentes no fim do período		**382.287.392**	**444.755.259**

Com base nessas demonstrações financeiras, responda às questões 16 a 20.

16. Sabendo que, no final do ano N, o capital social da empresa estava representado por 40.635.000 ações, o valor contabilístico de cada ação, nessa data, era de:
   A. 2,0 euros
   B. 29,73 euros
   C. 33,11 euros
   D. Nenhuma das respostas anteriores está correta.
17. Entre os anos de N-1 e N, o Resultado Operacional (EBIT) observou:
   A. Uma variação positiva superior a 60%.
   B. Uma variação positiva entre 40% e 60% .
   C. Uma variação positiva entre 0% e 40%.
   D. Uma variação negativa.
18. Considere as seguintes afirmações: A_1 – *No final do ano N, a empresa não recorria a descobertos bancários*; A_2 – *No ano N, a empresa não pagou quaisquer dividendos aos seus acionistas*. Podemos afirmar que:
   A. Ambas são verdadeiras.
   B. Ambas são falsas.
   C. A_1 é verdadeira e A_2 é falsa.
   D. A_1 é falsa e A_2 é verdadeira.
19. Considere as seguintes afirmações: A_1 – *Durante o ano N, a empresa não recebeu quaisquer dividendos das suas participadas*; A_2 – No ano N, *a taxa efetiva de imposto sobre o rendimento (IRC) foi inferior a 10%*. Podemos afirmar que:
   A. Ambas são verdadeiras.
   B. Ambas são falsas.
   C. A_1 é verdadeira e A_2 é falsa.
   D. A_1 é falsa e A_2 é verdadeira.
20. Relativamente às provisões acumuladas, podemos afirmar que, entre N-1 e N, o seu valor:
   A. Observou uma variação positiva.
   B. Observou uma variação negativa.

C. Não observou qualquer variação.
D. Não existem provisões reconhecidas nas demonstrações financeiras.

Resolução:

N.º	Resposta	Nº	Resposta
1	C	11	B
2	C	12	B
3	A	13	A
4	A	14	D
5	C	15	C
6	C	16	C
7	D	17	B
8	D	18	C
9	D	19	D
10	B	20	A

Exercício 2.12

Considere os elementos patrimoniais seguintes, com referência a 31 de dezembro de N. Com base nesses elementos, responda às questões 1 a 3.

- Mobiliário e equipamentos industriais diversos: 700.000 euros
- Dívidas a receber de clientes: 300.000 euros
- Provisões para processos judiciais em curso (longo prazo): 50.000 euros
- Adiantamentos de clientes: 100.000 euro
- Mercadorias em armazém: 400.000 euros
- Adiantamento a fornecedores de investimentos: 40.000 euros
- Depósitos à ordem: 180.000 euros
- Dívidas a pagar a fornecedores de investimentos: 190.000 euros
- Dívidas da Autoridade Tribuária e Aduaneira e da Segurança Social: 150.000 euros
- Imparidades em Ativos Fixos Tangíveis: 170.000 euros
- Obrigações a reembolsar aos obrigacionistas na maturidade (6 meses): 65.000 euros

1. Com base na informação anteriormente apresentada na tabela, podemos afirmar que o valor contabilístico da empresa ascende a:
   A. 1.315.000 euros
   B. 1.195.000 euros
   C. 940.000 euros
   D. Nenhuma das anteriores.
2. Ainda com base nos valores apresentados, podemos concluir que a diferença entre o "*Ativo Corrente*" e o "*Passivo Corrente*" é de:
   A. 715.000 euros
   B. 630.000 euros
   C. 480.000 euros
   D. Nenhuma das anteriores.
3. Tome ainda por base a informação apresentada. Admita agora que a empresa reembolsou a totalidade da dívida aos seus obrigacionistas. Qual das seguintes afirmações é verdadeira?
   A. A transação não teve qualquer impacto no Passivo da empresa.
   B. A transação apenas teve impacto no Ativo da empresa.
   C. O Passivo Não Corrente observou uma diminuição de 65.000 euros.
   D. Nenhuma das anteriores.
4. Qual das seguintes demonstrações financeiras está preparada pela Perspetiva (Ótica Financeira?
   A. Balanço.
   B. Demonstração dos Fluxos de Caixa.
   C. Demonstração do Rendimento Integral.
   D. Demonstração de Alterações no Capital Próprio.
5. Na perspetiva de determinada empresa, qual das seguintes afirmações é verdadeira?
   A. Nem todos réditos são rendimentos da entidade.
   B. Um passivo contingente deve ser sempre incluído no relato financeiro da entidade.
   C. O capital próprio da empresa é sempre inferior o valor do Ativo.
   D. Uma provisão é uma obrigação de quantia certa.

6. Determinada empresa adquiriu inventários pelo preço de compra de 100.000 euros. Suportou despesas de desalfandegamento de 10.000 euros e despesas de transporte e seguros no valor de 5.000 euros. Obteve do fornecedor um desconto comercial sobre o preço de compra de 20%. Estes inventários devem ser reconhecidos no balanço da empresa pelo valor de:
   A. 95.000 euros
   B. 100.000 euros
   C. 115.000 euros
   D. Nenhuma das opções anteriores está correta.
7. Considere a figura abaixo e indique qual das afirmações é verdadeira?

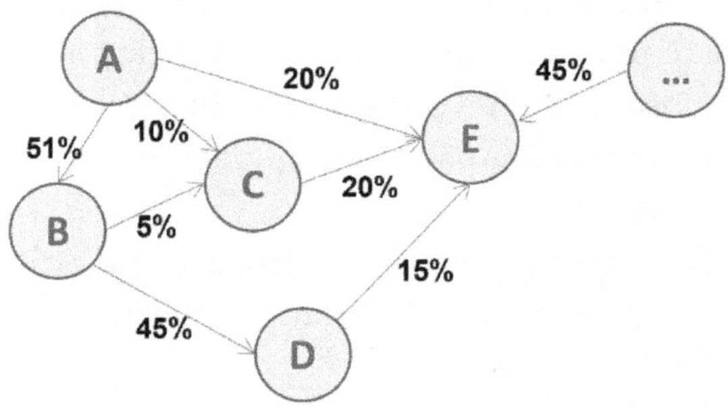

   A. A empresa B é uma empresa associada da empresa A.
   B. A empresa A exerce influência significativa sobre a empresa C
   C. A percentagem de controlo da empresa A na empresa C é de 15%.
   D. Nenhuma das afirmações anteriores está correta.
8. Considere que, durante o mês de dezembro de 2022, o promotor do concerto da *Madonna*, a realizar em novembro de 2023, já vendeu bilhetes no valor de 500.000 euros. O valor desses bilhetes foi integralmente recebido no ato da venda, tendo sido emitido o respetivo documento vinculativo da transação. Na perspetiva do promotor, podemos considerar que em dezembro de 2022:
   A. Se reconheceu uma receita e um rendimento de 500.000 euros.
   B. Se reconheceu um rendimento e um recebimento de 500.000 euros.

C. Tanto a receita como o rendimento são diferidos.
D. Nenhuma das opções anteriores está correta.

9. Considere as seguintes afirmações: A_1 – *Todos os ativos fixos tangíveis são sujeitos a depreciação*; A_2 – *No final da sua vida útil, a quantia escriturada de um ativo intangível pode não ser nula*. Podemos afirmar que:
   A. Ambas são verdadeiras.
   B. Ambas são falsas.
   C. A_1 é verdadeira e A_2 é falsa.
   D. A_1 é falsa e A_2 é verdadeira.
10. Determinada empresa adquiriu em junho de 2022 um ativo fixo tangível por 120.000 euros, tendo fixado um período de vida útil de 5 anos e um valor residual de 10%. Qual o valor da depreciação a reconhecer no ano de 2022, assumindo que a empresa optou pela base duodecimal?
    A. 10.800 euros
    B. 12.600 euros
    C. 24.000 euros
    D. Nenhuma das opções anteriores está correta.
11. Qual das seguintes características não é essencial para o reconhecimento de um Ativo?
    A. Controlo por parte da entidade.
    B. Estar associado a acontecimentos passados.
    C. Existência de benefícios económicos futuros que fluam para a entidade.
    D. Nenhuma das afirmações anteriores está correta.
12. A quantia mais alta entre o justo valor de um ativo menos os custos de alienação a ele associados, e o valor de uso daquele ativo, designa-se por:
    A. Quantia escriturada.
    B. Quantia depreciável.
    C. Quantia recuperável.
    D. Nenhuma das opções anteriores está correta.

13. Os subsídios governamentais reembolsáveis, relacionados com ativos fixos tangíveis depreciáveis, devem ser inicialmente evidenciados:
    A. No Passivo.
    B. Nos Rendimentos.
    C. No Capital Próprio.
    D. Nenhuma das opções anteriores está correta.
14. De acordo com o normativo contabilístico, a Materialidade é:
    A. Um atributo da relevância.
    B. Um atributo da fiabilidade.
    C. Um pressupostos das demonstrações financeiras.
    D. Nenhuma das opções anteriores está correta.
15. Considere as seguintes afirmações: A_1 – *Uma empresa subsidiária é aquela em que a em que a sua empresa não exerce influência significativa*; A_2 – *Independentemente do preço estar, ou não, previamente fixado, os adiantamentos a fornecedores são sempre dívidas as pagar.* Podemos afirmar que:
    A. Ambas são verdadeiras.
    B. Ambas são falsas.
    C. A_1 é verdadeira e A_2 é falsa.
    D. A_1 é falsa e A_2 é verdadeira.
16. Sabendo que, no final do ano N, o capital social de uma empresa estava representado por 100.000.000 ações de valor nominal unitário de 2 euros, e o quo o seu capital próprio era de 173.500.000 euros, podemos afirmar que o valor contabilístico de cada ação era de:
    A. 3,47 euros
    B. 5,12 euros
    C. 2,00 euros
    D. Nenhuma das respostas anteriores está correta.
17. Ao contrário das Provisões, e no que respeita à sua tempestividade e à quantia, os outros passivos são, regra geral:
    A. De tempestividade ou quantia incertas.
    B. De tempestividade incerta, mas quantias certas.
    C. De tempestividade certa e quantia certa.
    D. Nenhuma das opções anteriores está correta.

18. As demonstrações individuais do Banco X, sediado em território português, devem ser apresentadas de acordo com:
    A. As normas IAS/IFRS, obrigatoriamente.
    B. As normas IAS/IFRS, opcionalmente.
    C. As NCRF, obrigatoriamente.
    D. Nenhuma das opções anteriores está correta.
19. O influxo correspondente ao recebimento de dividendos decorrentes de um subsídio à exploração enquadra-se na Demonstração dos Fluxos de Caixa:
    A. Nas atividades operacionais.
    B. Nas atividades de investimento.
    C. Nas atividades de financiamento.
    D. Não afeta a demonstração dos fluxos de caixa.
20. Qual das seguintes situações, quando não observada, deve determinar, primariamente, a fixação de um valor residual nulo, para um ativo intangível com vida útil finita?
    A. Inexistência de um mercado ativo.
    B. Inexistência de um compromisso de alienar o ativo no final da sua vida útil.
    C. Não seja provável a alienação do ativo antes do fim da sua vida útil.
    D. Nenhuma das afirmações anteriores está correta.

Resolução:

N.º	Resposta	Nº	Resposta
1	B	11	D
2	A	12	C
3	D	13	A
4	A	14	A
5	B	15	B
6	A	16	A
7	C	17	C
8	D	18	A
9	D	19	A
10	B	20	A

Capítulo 3
A Tipologia de Custos

A compreensão da dimensão analítica da tipologia de custos subjacente ao desenvolvimento de uma atividade económica, é um dos pilares determinantes na tomada de decisão, e consequentemente da mitigação do risco. A natureza e a variabilidade de cada uma daquelas tipologias de custo, devem ser a génese das diversas decisões, sejam elas de natureza operacional, financeira, ou mesmo de amplitude puramente estratégica. Assim, a referida dimensão analítica da informação, proporciona a perspetiva mais crítica do ciclo de gestão, por representar aquela que é utilizada numa abordagem interna pelo gestor, para além de poder constituir um recurso diferenciador no contexto do setor em que a organização de insere. Muito associada aos sistemas de contabilidade analítica (ou de gestão), traduz-se no processo de identificar, mensurar, acumular, analisar, preparar, interpretar e comunicar informação, tanto financeira como operacional, usada pela gestão para planear, avaliar, e controlar as atividades, bem como aos processos de uma organização que asseguram o uso,, numa base responsável e sustentável, dos seus recursos. Nesse sentido, a utilidade desta tipologia de informação pode ser sintetizada em seis vetores diferenciadores, mas complementares, nomeadamente:

- Controlo das atividades correntes da organização;
- Planeamento das futuras estratégias, táticas e operações;
- Otimização do uso de recursos;
- Mensuração e avaliação do desempenho;
- Redução da subjetividade no processo de tomada de decisões;
- Melhoria da comunicação interna e externa.

A classificação, e consequente gestão dos *Custos*[1], associada às abordagens de custeio dos produtos e/ou serviços, constitui um mecanismo crítico no âmbito da política comercial de uma organização, mormente a política de *Pricing* e as políticas e estratégias comerciais em geral. Assim, a dimensão interna que norteia este capítulo, surge intimamente associada aos processos e atividades de uma organização, orientada numa lógica de descentralização e desagregação pelos mais diversos «Centros de Responsabilidade»[2], independentemente da sua tipologia e abrangência. É esta lógica de desagregação contabilística que, do ponto de vista analítico, deve estar alinhada com a estrutura da organização e com os sistemas de controlo de gestão que suportam o ciclo de gestão. Por se tratar de um sistema que produz informação desagregada para suportar as decisões dos gestores, a tempestividade e detalhe com que essa informação é preparada e divulgada aos utilizadores, é um dos fatores diferenciadores da gestão da informação nas organizações. Tal como já referido nesta obra, a revolução dos conceitos de tempo e de espaço, resultado da sofisticação dos mercados e das maiores exigências de informação por parte dos utilizadores, determinam que uma adequada gestão de custos e de resultados constitui um alicerce diferenciador da designada gestão moderna.

---

[1] O conceito de *Custo* tem sofrido ao longo dos tempos, em resultado da evolução dos processos de normalização contabilística, uma evolução no âmbito da sua abrangência. Nesse sentido, o conceito de *Custo* tem hoje uma natureza puramente económica que corresponde ao valor dos recursos utilizados numa organização. De ponto de vista normativo, um *Gasto* (capítulo 2) corresponde a uma diminuição dos benefícios económicos futuros relacionados com uma diminuição num ativo ou com o aumento de um passivo e que possam ser mensurados com fiabilidade. Regra geral, podemos associar a noção de gasto ao consumo de um recurso ou à diminuição do seu valor, decorrente da sua utilização.

[2] Um *Centro de Responsabilidade* é entendido, neste contexto, como uma unidade contabilística, de imputação de custos/gastos (Centro de Custos) e/ou de rendimentos (Centro de Rendimentos ou Centro de Resultados) e/ou de gestão de recursos (Centro de Investimentos). Tratando-se de uma desagregação contabilística tradicional, encontramos hoje nas organizações outros modelos de desagregação analítica ao nível da contabilidade como sejam a desagregação em atividades, em processos, por projeto, entre outras.

As estruturas hierárquicas das organizações têm sofrido ao longo dos tempos múltiplas modificações, tanto como ação reativa em resultado de estratégias emergentes, como por necessidades internas de gestão, no sentido de garantir a eficiência das atividades e das operações, como garante da eficácia das decisões estratégicas definidas. A crescente orientação para a criação e valor, tem vindo a reclamar a implementação de mecanismos muito apertados e rigorosos ao nível da gestão dos custos, capazes de colocar as organizações num posicionamento estratégico e financeiro que garanta a sua sustentabilidade económica e financeira. A informação desagregada (segmentada) constitui, do ponto de vista do controlo de gestão operacional e estratégico, uma matéria prima onerosa na sua produção e gestão, e difícil de imitar, contrariamente ao observado para a informação agregada e geral, intimamente indexada às regras estabelecidas pelos normativos contabilísticos no contexto da normalização nacional e internacional.

No que respeita à avaliação dos Centros de Responsabilidade, são definidos os seguintes critérios de avaliação da performance financeira, tendo por denominador comum o princípio da controlabilidade, ou seja, *o nível de resultado gerado vs. o nível de resultado estimado*, a eficácia na realização dos objetivos e a eficiência na utilização dos recursos. Assim, para cada uma das tipologias de centros de responsabilidade, são definidos os seguintes critérios de *performance* financeira bem como o consequente impacto financeiro das decisões dos gestores:

- **Centro de Custo** — o impacto financeiro das decisões dos gestores focaliza-se apenas nos gastos/custos incorridos, pelo que as principais métricas de desempenho são baseadas nos gastos/custos diretos, em preços de transferência interna, e em indicadores de natureza não financeira. Esta avaliação basear-se-á na medição e acompanhamento dos gastos/custos dos recursos consumidos e diretamente controláveis pelo gestor, apresentando tipicamente um resultado negativo;
- **Centro de Resultados** — o impacto financeiro das decisões verifica-se tanto ao nível de gastos/custos como de rendimentos. Assim, deverão ser avaliados pela diferença entre os rendimentos por si gerados (externos e internos) e os gastos/custos diretos

e controláveis pelo responsável do centro. As medidas de avaliação da *performance* são, regra geral, baseadas no resultado, na margem bruta, no resultado antes de impostos, no resultado líquido ou na margem de contribuição;

- **Centro de Investimento** — o impacto financeiro das decisões dos gestores assenta em três dimensões distintas: Rendimentos; Gastos/Custos; Ativos Económicos. A sua avaliação deve relacionar o montante dos resultados gerados com o investimento realizado pelo centro. As métricas de análise estão normalmente associadas ao resultado contabilístico após gastos financeiros, ao retorno do investimento (taxa de rendibilidade dada pela margem de contribuição sobre o investimento), à margem de contribuição e a indicadores baseados no valor acrescentado.

Ao longo dos próximos pontos daremos corpo à temática do custeio dos produtos e/ou serviços, à gestão dos custos e dos recursos da organização, assim como à avaliação dos centros de responsabilidade. Para além da tipificação dos custos (numa lógica funcional e por natureza), trataremos de forma específica os sistemas de custeio subjacentes à mensuração dos produtos e dos serviços.

3.1. OS CUSTOS E A SUA CLASSIFICAÇÃO

Os custos podem ser agrupados e classificados utilizando as mais diversas perspetivas. Numa lógica puramente funcional ou de atividade, podem ser classificados em seis categorias:

- **Custos de Aprovisionamento** — associados ao funcionamento dos armazéns de matérias e de produtos acabados e semiacabados. Os primeiros são normalmente considerados custos do produto/serviço, enquanto os segundos podem ser considerados custos do período[3];

[3] O Custo do Produto/Serviço corresponde ao montante que lhe é atribuído para efeitos de valorização do respetivo inventário. Deste valor, apenas o custo referente às unidades vendidas deve ser imputado ao período económico, sendo como tal, considerado um Custo do Período. Ou seja, Custo do Período são todos aqueles que afetam o resultado, num determinado intervalo de tempo (período económico

- **Custos de Produção ou Industriais** — identificam-se com a valorização dos recursos utilizados na fabricação dos produtos ou consumidos na prestação dos serviços. Referimo-nos, regra geral, a matérias diretas e aos custos de conversão/transformação (somatório dos custos com a mão de obra direta com os restantes gastos gerais de produção, globalmente identificados na literatura de contabilidade de gestão como «Gastos Gerais de Fabrico». São, regra geral, custos do produto/serviço;
- **Custos de Distribuição** — estão relacionados com o funcionamento da estrutura comercial da organização, sendo também de incluir nesta categoria os custos de marketing. São, regra geral, custos imputáveis ao período em que ocorrem;
- **Custos Administrativos** — resultam do funcionamento da estrutura administrativa da organização, sendo considerados custos do período em que ocorrem;
- **Custos de Investigação e Desenvolvimento** — dizem respeito às atividades relacionadas com a pesquisa de novos produtos, serviços, tecnologias e métodos. Do ponto de vista da normalização contabilística, enquanto os custos de pesquisa são custos do período (reconhecidos na demonstração dos resultados), os custos de desenvolvimento são normalmente capitalizáveis (reconhecidos como ativos intangíveis no balanço ou na demonstração da posição financeira);
- **Custos Financeiros** — não correspondem ao funcionamento de qualquer estrutura da organização, identificando-se com o custo associado à utilização de capitais alheios. São, regra geral, custos do período, embora em alguns casos específicos possam ser objeto de capitalização.

Relativamente aos custos do produto/serviço importa sublinhar a sua agregação do ponto de vista analítico: 1. Matérias diretas (MD); 2. Mão de Obra Direta (MOD); 3. Gastos Gerais de Produção (GGP). Para efeitos de informação de gestão, e sempre que se revelar pertinente

---

considerado), incorporando o Custo Industrial dos Produtos Vendidos (CIPV) e os custos das restantes funções que ocorram nesse mesmo período.

tal agregação, o agrupamento das MP com a MOD é designado de Custo Primo ou Custo Direto, enquanto a junção da MOD com os GGP é designada por Custos de Conversão. Importa ainda referir, neste contexto, que o Custo Complexivo é considerado um custo do período, o qual corresponde ao somatório de todos os custos que afetaram o resultado de um determinado período económico (*Custo industrial dos produtos vendidos ou do serviço prestado + custos de distribuição + custos administrativos + custos financeiros*). O Custo Complexivo é equivalente ao preço e venda abaixo do qual a organização terá prejuízo. Se excluirmos o Custo Industrial do somatório, apuramos o genericamente designado por Custo Comercial.

Contudo, uma das classificações mais utilizada, ainda que de natureza limitada e simplificada, talvez seja a distinção entre Custos Fixos (ou de estrutura) e Custos Variáveis. Os primeiros são aqueles que não dependem do nível de atividade (Figura 3.1), embora observem uma evolução por patamares sempre que existe expansão da atividade instalada (Figura 3.2), os custos variáveis dependem do nível e atividade, embora nem sempre tenham uma evolução proporcional, mas sim progressiva ou degressiva (esta última a mais usual e aderente à realidade empresarial). O comportamento dos custos fixos e dos custos variáveis deve ser analisado numa perspetiva de curto prazo ou de médio e longo prazo, envolvendo esta última a dimensão estratégica das organizações.

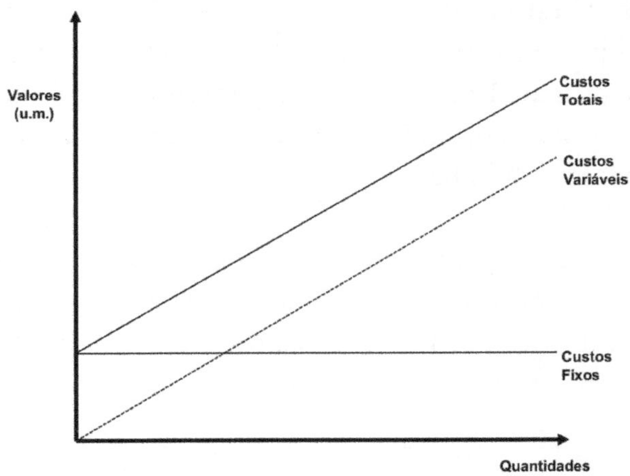

Figura 3.1 – Custos fixos e custos variáveis (Perspetiva de Curto Prazo)

A figura anterior pretende ilustrar a evolução dos custos globais de uma organização numa perspetiva de curto prazo. Por simplificação, assumiu-se o comportamento proporcional para os custos variáveis e a não variabilidade dos custos fixos, indexados a determinado patamar de atividade. Este comportamento já não é observável numa perspetiva de médio e longo prazo, na qual os custos fixos são uma função do nível de atividade em que a organização opera, e por consequência apresentam um comportamento ondulatório, resultante dos patamares observados e dos comportamentos progressivos ou degressivos.

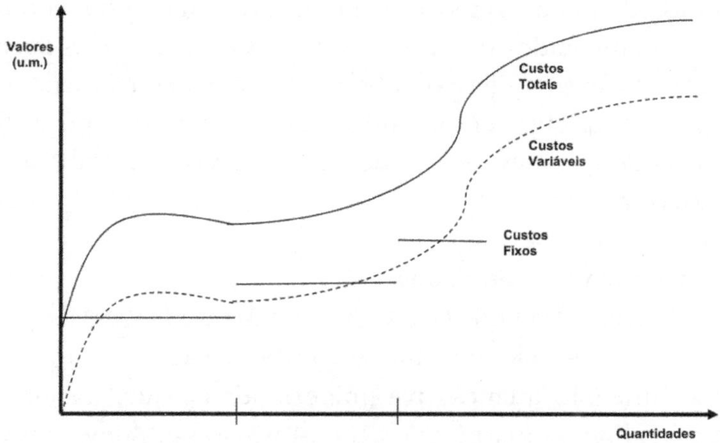

Figura 3.2 – Custos fixos e custos variáveis (Perspetiva de M/L Prazo)

Outra classificação dos custos, uma classificação que ao longo do tempo tem vindo a ganhar relevância e importância no atual contexto de gestão analítica e segmentada, é a distinção entre Custos Diretos e Custos Indiretos. Os primeiros podem ser fácil e objetivamente identificados com os objetos de custeio (produto, serviço, centro de responsabilidade, função, atividade, processo, etc.), os custos indiretos não são imediatamente atribuídos a um objeto de custeio específico. Estes custos, caso a opção recaia sobre a sua imputação aos objetos de custeio, requerem a identificação e ponderação de bases e critérios de repartição que sejam aderentes à especificidade da organização. Abordaremos esta temática no ponto 3.3. do presente capítulo.

Para além das classificações anteriormente apresentadas, elencamos de seguida outras tipologias cuja classificação poderá assumir alguma relevância, em função do contexto e do enquadramento em que a análise for efetuada.

- **Em relação aos centros de responsabilidade**
  – Custos Controláveis e Custos Não Controláveis — os primeiros dependem da ação do gestor enquanto os segundos emergem da política global da organização ou então resultam de aplicação legislativa ou normativa;
  – Custos *Standard* (Básicos) e Custos Reais — os custos standard são custos teóricos, definidos *a priori*, podendo ser custos orçamentados ou custos-padrão. Os custos reais correspondem aos custos efetivos observados em determinado período económico, cuja temporalidade do seu apuramento e divulgação pode ser questionável do ponto de vista da utilidade para a gestão interna.

- **Em relação às decisões**
  – Custos Relevantes e Custos Não Relevantes — os primeiros são aqueles que alteram a orientação da decisão, quer na sua dimensão quantitativa (materialidade) quer na sua dimensão qualitativa (natureza). Os custos não são relevantes quando não condicionam, direta ou indiretamente as decisões dos gestores. Importa referir ainda, a existência por vezes de *sunk costs*, isto é, aqueles que não podem ser recuperados a partir da alienação dos ativos, mas sim, mediante a depreciação, amortização, ou exaustão, relativa à efetiva aplicação do ativo na atividade industrial;
  - Custos Totais e Custos Unitários — os custos totais são uma função do volume e, por isso, requerem algum cuidado sempre que possam suportar decisões empresarias. Nesse sentido, a análise deve tomar em consideração o custo unitário, carecendo de desagregação sempre que tal se revele exequível e desejável.

- **Em relação à adoção da gestão por cenários (simulação)**
  – Custos Diferenciais[4] — associados à diferença de custos entre dois cenários diferentes, em que normalmente o cenário de base corresponde à situação inicial (C_0). Utilizado fundamentalmente no âmbito da simulação de impactos de decisões e análises de sensibilidade.
- **Em relação à natureza incremental e potencial**
  – Custo Marginal — é o custo diferencial provocado pela variação de uma unidade no nível de atividade. Ou seja, o incremento de uma unidade poderá elevar o valor dos custos fixos para um patamar diferente de atividade;
  – Custo de Oportunidade (ou Custos Figurativos) — corresponde ao retorno associado à alternativa pela qual o gestor não optou. Está por isso associado à opção que impede a alocação de recursos em decisão alternativa.

A diversidade de categorizações anteriormente apresentada não é exaustiva, dependendo dos contextos específicos das organizações, em particular, dos setores de atividade em que operam e da complexidade e natureza das suas operações. Independentemente do sistema de custeio utilizado no apuramento do custo dos produtos e/ou dos serviços, podemos afirmar que, genericamente, o Custo Industrial dos Produtos Acabados (CIPA) corresponde ao somatório das matérias diretas com os custos gerais de produção, incluindo o efeito da variação da eventual produção em vias de fabrico. Na mesma linha de raciocínio, o CIPV corresponde à soma algébrica do CIPA com a respetiva variação da produção (Inventário Inicial de Produtos Acabados — Inventário Final de Produtos Acabados). Sinaliza-se ainda, no âmbito do controlo de gestão, a importância atribuída à monitorização da CIPA unitário (função da quantidade produzida) e do CIPV unitário (função da quantidade vendida).

Uma das análises mais tradicionais e consagradas na literatura da contabilidade e controlo de gestão, ainda que de aplicação bastante

[4] Conceito igualmente extensível aos conceitos de Réditos, Rendimentos, Resultados, entre outros.

limitada, é a análise do ponto crítico das vendas, ou limiar de rendibilidade. Por ser um ponto cujas coordenadas são a quantidade vendida e o preço de venda unitário (Figura 3.3), traduz o limiar entre o prejuízo e o lucro, ou seja, o ponto em que a função custos totais intersecta a função rendimentos totais.

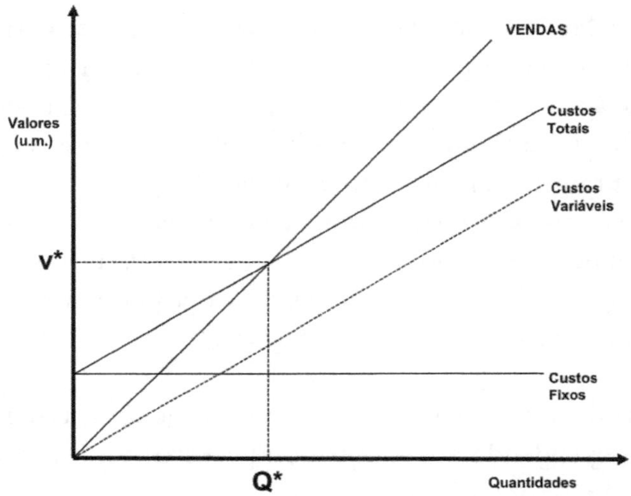

Figura 3.3 – Ponto Crítico das Vendas (Limiar de Rendibilidade)

Considerando os Custos Fixos (CF) totais, o Preço de Venda unitário (PV_U) e o Custo Variável unitário (CV_U), as referidas coordenadas ($Q^\star$;$V^\star$) são dadas, analiticamente, pelas seguintes fórmulas:

$$Q^\star = [CF / (PV_U - CV_U)] \text{ e } V^\star = [CF / (PV_U - CV_U)/PV_U].$$

Estando o ponto de inversão entre a zona de prejuízo e a zona de lucro, corresponde ao nível de atividade em que os custos totais absorvem na sua totalidade a Margem de Contribuição (Vendas – Custos Variáveis Totais). Porém, do ponto de vista de controlo de gestão, deve ser tomada especial atenção aos seguintes indicadores:

$$\text{Margem de Contribuição Unitária (m)} = PV_U - CV_U$$
$$\text{Margem de Contribuição Global (MC)} = Q \times m$$

A primeira representa o contributo de cada unidade vendida para a cobertura dos custos fixos ou custos de estrutura, enquanto a margem de contribuição global traduz o contributo de um determinado nível de atividade para a cobertura dos custos de estrutura. Estes indicadores podem ser expressos em % (m') através das seguintes fórmulas:

$$m' = [(V - CV)/V] \times 100 \quad \text{ou} \quad m' = [(PV_U - CV_U)/ PV_U] \times 100.$$

Esta análise Custo – Volume – Resultado (CVR) assenta numa perspetiva de curto prazo (dentro de determinando intervalo relevante[5]) e está baseada num conjunto de pressupostos que lhe poderão retirar aplicabilidade ou incutir-lhe limitações de análise. São pressupostos de base desta abordagem, o facto do preço de venda, do custo variável e dos custos fixos totais se manterem constantes ao longo do período económico, e ao facto das variações de inventários serem consideradas irrelevantes. Por outro lado, no caso de organizações multiproduto (efeito *mix*), pressupõe-se que o peso relativo do volume de vendas de cada produto nas vendas globais se mantém constante. Neste sentido, ainda que reconheçamos a importância e relevância desta análise em determinados contextos, não cremos que a mesma possa assumir utilidade significativa nos casos em que a organização opera com múltiplos produtos e em múltiplos mercados.

Decorrente da análise anterior, podemos identificar o indicador Margem de Segurança (MS), o qual traduz o afastamento da atividade real face ao ponto crítico, ou seja, é um indicador de risco que mede a proximidade ou afastamento de um determinado nível de vendas relativamente ao limiar de rendibilidade. Nesse sentido, pode ser calculado numa base quantitativa ou numa base de valor, tal como ilustrado na Figura 3.4.

$$MS = [(Q_R - Q^\star)/Q^\star] \times 100 \quad \text{ou} \quad MS = [(V_R - V^\star)/V^\star] \times 100.$$

---

5 O Intervalo Relevante corresponde ao intervalo de nível de atividade, dentro de determinada capacidade instalada, em que é possível verificar os pressupostos subjacentes a esta análise Custo –Volume – Resultado.

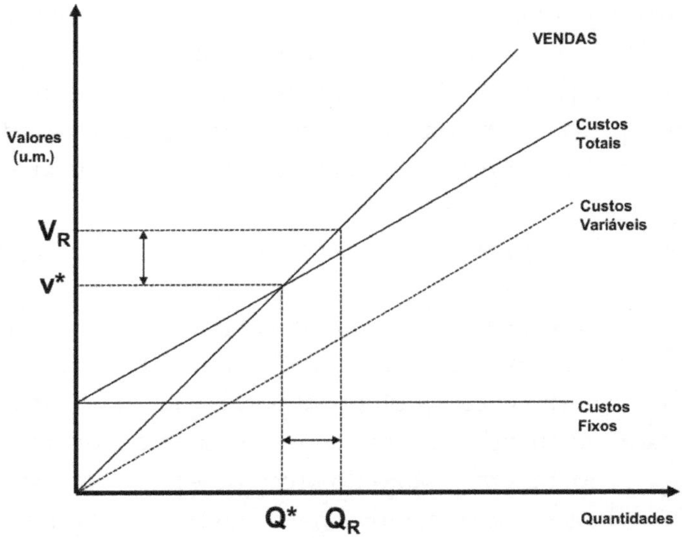

Figura 3.4 – Margem de Segurança

Tal como o próprio nome indica, trata-se de um indicador de polaridade positiva, embora variando inversamente ao nível de risco, tal como ilustrado na Figura 3.5. Refira-se ainda que em organizações multiproduto estão intrinsecamente associados múltiplos pontos críticos e consequentemente múltiplas margens de segurança. A análise por segmentos assume nesse contexto especial relevância e pertinência.

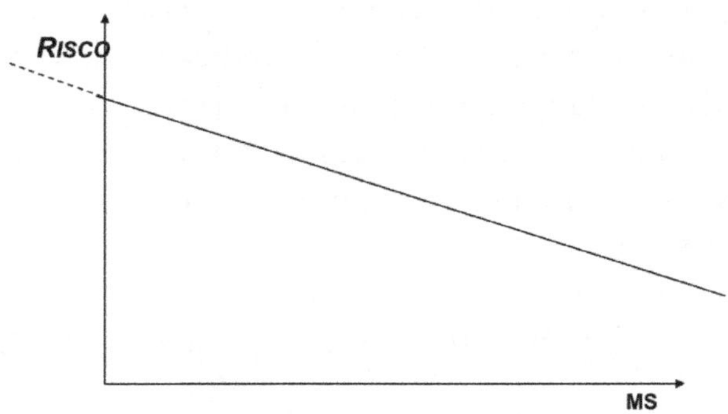

Figura 3.5 – Risco e Margem de Segurança

Analisemos o comportamento dos réditos numa perspetiva de curto, médio e longo prazo: Numa perspetiva de médio e longo prazo, os mesmos tendem a observar incrementos progressivamente decrescentes pois aumenta o número de unidades vendidas, mas diminui o preço de venda unitário. Porém, numa perspetiva de curto prazo, os incrementos nos réditos tendem para a proporcionalidade pois aumenta o número de unidades vendidas, mantendo-se o preço de venda constante. A Figura 3.6 procura ilustrar a importância dos custos na formação dos preços, o qual tem um impacto nos indicadores de rendibilidade das vendas, nomeadamente: margem bruta (preço de venda – custo industrial), margem líquida (preço de venda – custo complexivo), ou mesmo a margem pura, caso se tomem em consideração custos de natureza psicológica ou de retorno esperado (custos de oportunidade).

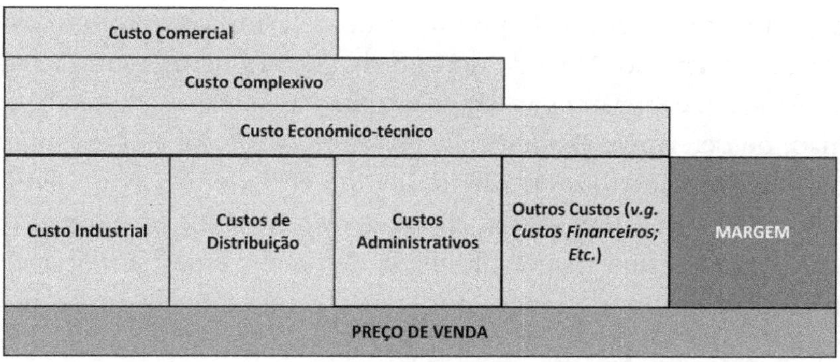

Figura 3.6 – A importância dos custos na formação dos preços

Este ponto não ficaria completo sem uma referência expressa à possibilidade e utilidade de estimar os resultados a partir das variáveis que concorrem para a determinação do ponto crítico. A utilidade desta abordagem, e da estruturação do pensamento a partir dela obtido, é de extrema relevância no contexto da simulação empresarial e da análise por cenários. Assim sendo, e considerando que:

$$\text{Resultado Nível de Atividade N } (R_N) = Q_X\, PV_U - Q_X\, CV_U - CF$$
$$R_N = Q_X\, m - CF$$

pelo que:

$$R_N\,(Q) = (Q - Q^\star) \times m \quad \text{ou} \quad R_N\,(V) = (V - V^\star) \times m'$$

A estimativa de resultados a partir de alterações discretas nas variáveis que integram a análise CVR permite que as organizações possam percecionar, ainda que por vezes de forma elementar e não estruturada, os impactos que daí resultem ao nível da análise diferencial. Ainda que as simulações daí decorrentes não tomem em consideração variáveis exógenas (sejam de natureza quantitativa ou qualitativa) nem constituam variáveis de efeitos conjugados e agregados, o cálculo de rubricas contabilísticas diferenciais (rendimentos, custos, resultados) para cada alternativa (cenário) pode ser de grande utilidade e pertinência em contextos marcados pela volatilidade e pela imprevisibilidade.

3.2. O CUSTEIO DOS PRODUTOS E DOS SERVIÇOS

O apuramento do custo de produção de determinado produto ou da prestação do serviço depende do tipo de critério de mensuração utilizado. Ainda que estejamos a falar de imputações internas, a capitalização, ou não, de determinadas despesas, pode afetar o valor dos inventários, e consequentemente o resultado líquido do período. Ao longo das últimas décadas, várias têm sido as abordagens que, ainda hoje, estão consagradas na literatura da contabilidade de gestão e que são objeto das mais diversas linhas de investigação. O foco do debate parece residir na importância relativa que os sistemas de custeio assumem entre eles, nomeadamente entre os sistemas baseados numa lógica de absorção face aos sistemas baseados numa lógica de contribuição.

Tomando como referência a distinção dos custos industriais, em função da sua variabilidade (custos fixos vs. custos variáveis), podemos identificar três sistemas de custeio distintos:

- **Sistema de Custeio Total** (ou sistema baseado na absorção) — tanto os custos variáveis como os custos fixos industriais são incluídos no custo de produção do produto ou da prestação do serviço. Ao serem incorporados no CIPA, o valor dos inventários integra a totalidade dos custos industriais, independentemente da sua classificação em fixo ou variável;
- **Sistema de Custeio Racional** — os custos variáveis industriais são na sua totalidade imputados ao custo de produção dos

produtos ou da prestação dos serviços, mas apenas uma parcela de custos fixos industriais é imputada. Essa parcela corresponde ao nível da capacidade instalada efetivamente utilizada. Exemplos: **1.** Se uma fábrica estiver a laborar a 50% da sua capacidade, apenas 50% dos custos fixos industriais seriam imputáveis ao produto; **2.** Se numa companhia aérea, os resultados forem apurados por rota ou por voo, e a ocupação da aeronave for de 70%, apenas 70% dos custos fixos industriais são imputáveis para efeitos de apuramento dos resultados;
- **Sistema de Custeio Variável** (ou sistema baseado na contribuição) — apenas os custos variáveis industriais são considerados custos do produto ou do serviço, sendo os custos fixos industriais diretamente reconhecidos na demonstração dos resultados como «Custos Industriais não Incorporados» (ou designação equivalente). Ou seja, são considerados custos do período e não custo do produto.

A escolha do sistema de custeio não deve ser aleatória e deve ser temporalmente consistente, sob pena de se colocar em causa a sua utilidade e a sua comparabilidade para efeitos de controlo de gestão. É nosso entendimento que a escolha do sistema de custeio deve ter em consideração, entre outros, os seguintes aspetos:

- Estrutura organizacional (*v.g.* por funções; por projetos; por segmentos; etc.);
- Natureza e complexidade da atividade (*v.g.* existência ou não de sazonalidade);
- Nível de utilização da capacidade instalada;
- Imposição normativa ou regulamentar;

Se tomarmos por base a distinção entre custos diretos e custos indiretos, e em função dos aspetos anteriormente enumerados, poderá ser mais ajustada a adoção do «Sistema de Custeio Direto». Neste caso, os produtos e/ou os serviços serão onerados apenas pelos custos diretos associados ao objeto de custeio (*v.g.* produto; serviço; atividade; processo; segmento; etc.). Caso seja opção da gestão, ainda assim, a imputação dos custos indiretos (independentemente de serem fixos ou variáveis), torna-se necessário encontrar uma base de repartição que seja aderente e ajustada. É neste âmbito que são usualmente indicadas duas metodologias de imputação dos custos indiretos:

- **Critério de Imputação de Base Única** — neste caso, os custos indiretos, independentemente da sua natureza, são imputados em função de um único critério (v.g. através de determinada percentagem standard definida pela gestão; proporcionalmente aos rendimentos do objeto; proporcionalmente aos custos diretos; em função da variabilidade de outra qualquer grandeza definida pela gestão):
- **Critério de Imputação de Base Múltipla** — contrariamente ao anterior, a adoção de uma base múltipla para imputação dos custos indiretos aos objetos pressupõe a identificação de tipologias de custos, aplicando-se uma base de repartição distinta para cada uma dessas tipologias.

Do ponto de vista da aderência à realidade económica, a adoção do critério de base múltipla apresenta vantagens acrescidas face ao critério de base única. Contudo, há que ponderar a todo o momento o custo//benefício decorrente da opção por um desses critérios.

3.3. CASOS PRÁTICOS E EXERCÍCIOS

Exercício 3.01

A tabela seguinte identifica um conjunto de custos, para os quais se solicita que discuta, numa perspetiva crítica e extensiva, a sua classificação em dois pilares distintos, embora complementares: Variabilidade (F - Fixo *vs.* V - Variável); Relação face ao objeto (D - Direto *vs.* I - Indireto). Neste caso concreto, assuma como objeto os Produtos ou os Serviços.

Nº	Descrição	Variabilidade		Em relação ao Objeto	
		F	V	D	I
1	Matérias primas consumidas.		X	X	
2	Eletricidade consumida na fábrica.		X		X
3	Custos de armazenagem de matérias primas.	X			X
4	Remunerações do pessoal fabril.	X		X	
5	Custo de transporte dos produtos acabados.		X		X
6	Avença mensal com serviços jurídicos.	X			X
7	Manutenção de equipamentos fabris.	X			X
8	Horas extraordinárias do pessoal fabril		X	X	
9	Renda do complexo fabril (fábrica e armazéns).	X			X
10	Remuneração e encargos sociais do diretor de produção.	X			X
11	Custos com publicidade e propaganda.	X			X
12	Depreciação dos equipamentos fabris.	X			X
13	Material de embalagem		X	X	
14	Comissões dos vendedores		X		X
15	Remunerações e encargos sociais do pessoal afeto ao controlo de qualidade.	X			X

A classificação entre custos fixos e custos variáveis carece de objetividade, porquanto muitos custos assumem, verdadeiramente, uma natureza semi-variável. Nesse sentido, esta classificação teve por base a sua indexação, ou não, ao volume (quantidades produzidas e/ou quantidades vendidas). De forma similar, a classificação como custo indireto teve como asserção o facto de estarmos, ou não, perante custos de natureza comum e como tal necessitarem de chaves de repartição. Caso se assumisse como objeto, as funções organizacionais (Produção; Distribuição ou Comercial; Administrativa; Etc.), a classificação agora atribuída seria distinta da apresentada.

Exercício 3.02

A empresa *Indoltec, S.A.* produz dois produtos distintos (*Produto A* e *Produto B*), os quais são obtidos a partir do mesmo processo de fabrico. Durante o mês de dezembro do ano N, produziu 150.000 unidades do *Produto A* e 230.000 unidades do *Produto B.*

Os custos diretos de produção foram os seguintes (em u.m.):

Descrição	Produto A	Produto B
Matérias diretas	675.000	1.495.000
Mão de obra direta	450.000	310.500
Gastos gerais de produção	2.660.000	

Sabendo que os custos de produção comuns são repartidos em função das quantidades produzidas, pretende-se que:

a) Calcule o custo de produção unitário dos produtos acabados A e B;
b) Determine a margem bruta unitária de cada produto, sabendo que o produto A é vendido a 18 u.m. cada e o produto B é vendido a 24 u.m. cada.
c) Qual o impacto no custo unitário de produção, caso a imputação dos custos comuns fosse efetuada em função dos custos diretos?

Resolução:

Descrição	Resultado	Cálculos
Custo de Produção Unitária (Critério de imputação: *quantidades produzidas*)	Produto A: 14,50 u.m.	CIPA = 675.000 + 450.000 + (2.660.000 / (150.000 + 230.000) * 150.000 = 2.175.000
	Produto B: 14,85 u.m.	CIPA = 1.495.000 + 310.500 + (2.660.000 / (150.000 + 230.000) * 230.000 = 3.415.500
Margem bruta unitária (*em %*)	Produto A: 24,14%	(18/14,5) - 1
	Produto B: 61,62%	(24/14,85) - 1
Custo de Produção Unitária (Critério de Imputação: *custos diretos*)	Produto A: 14,31 u.m.	CIPA = 675.000 + 450.000 + (2.660.000 / 2.930.500) * 1.125.000 = 2.146.157
	Produto B: 14,98 u.m.	CIPA = 1.495.000 + 310.500 + (2.660.000 / 2.930.500) * 1.805.500 = 3.444.343

Exercício 3.03

A empresa *FlyWay, S.A.* é uma companhia aérea que se dedica ao transporte aéreo não regular, fundamentalmente para destinos na América Central. Possui apenas cinco aeronaves, cada uma com uma capacidade para 180 passageiros. A elaboração de cada proposta, por solicitação dos operadores turísticos, requer uma análise custo-benefício, no sentido de definir a sua política de preços.

Relativamente a cada voo, são conhecidos os seguintes custos:

- Tripulações (custos totais): 30.000 u.m.;
- Depreciação da aeronave (em função do número de horas): 20.000 u.m.;
- Refeições por passageiro: 30 u.m.;
- Custos de sobrevoo: 5.000 u.m.;
- Serviços de assistência em terra (*Handling*; Limpeza; Combustíveis; Taxas aeroportuárias): 10.800 u.m.;
- Custos administrativos por passageiro: 100 u.m.;

Sabendo que a tarifa média, por passageiro, é de 600 u.m., pretende-se que:

a) Calcule o ponto crítico, em quantidade e em valor;
b) Determine a margem de segurança (em %) e o resultado obtido, sabendo que na última operação transportou 168 passageiros;
c) Qual o resultado diferencial, caso o preço médio se reduzisse para 541,25 u.m.?

Resolução:

Descrição	Resultado	Cálculos
Ponto Crítico (*em quantidade*)	140 passageiros	Custos Fixos = 65.800 Custos Variáveis Unitários = 130 Preço de venda unitário = 600
Ponto Crítico (*em valor*)	84.000 u.m.	140 x 600
Margem de Segurança (*em %*)	20%	MS = (168/140) - 1
Resultado (*u.m.*)	16.800 u.m.	R = (168 – 140) x (600 – 130)
Resultado Diferencial (*u.m.*)	(13.510 u.m.)	PC* = 65.800 / (541,25 – 130) = 160; R* = (168 – 160) x (541,25 – 130) → = 3.290 u.m.

Exercício 3.04

A empresa *RegionPlus, S.A.* iniciou a atividade a 2 de janeiro do ano N-5, dedicando-se à comercialização de diversas marcas de tintas, diluentes, colas e outros produtos similares. A empresa opera em três mercados regionais (Mercado A, Mercado B e Mercado C). Cada um dos mercados encontra-se sob a responsabilidade de um Diretor, por forma a ser possível determinar os respetivos desempenhos.

O presidente da empresa, que tinha planeado para o ano N um resultado antes de impostos francamente positivo, viu-se confrontado com os resultados negativos apurados pela empresa. Decidiu solicitar aos seus departamentos de *Planeamento e Controlo de Gestão* e *Contabilidade,* uma conta de resultados por mercados (correspondentes ao objetos de custeio). O seu objetivo é tentar perceber qual ou quais os mercados que ficaram aquém das expetativas. Relativamente ao exercício findo em 31 de dezembro do ano N, recolheram-se os seguintes elementos da empresa:

Rubricas	Mercado A	Mercado B	Mercado C	Serviços Comuns
Unidades vendidas	40.000	32.000	38.000	
Preço de venda unitário (médio) – u.m.	100	125	50	
Margem bruta s/ Preço de Venda	35%	35%	42%	
Comissões nas vendas	5,0%	4,5%	4,0%	
Outros gastos comerciais do mercado – u.m.	412.000	349.000	283.000	
Nº de vendedores	7	8	10	
Custos dos Serviços Centrais – u.m.				
Custos comerciais (1)				925.000
Custos administrativos (2)				691.000
Custos de financiamento (3)				356.500
Crédito a clientes (dias)	60	75	75	
Crédito de fornecedores (dias)	45	45	45	
Duração média de inventários (dias)	60	45	45	
Instalações, equipamentos, mobiliário, viaturas, etc – u.m.	750.000	700.000	250.000	225.000
Taxa de depreciação (média)	12,5%	12,5%	12,5%	12,5%

(1) Dizem respeito aos gastos de estrutura comercial, os quais incluem remunerações, deslocações e estadas, despesas de representação, comunicação e publicidade dos produtos (exceto a nível local que é feita no respetivo mercado), estudos de mercado, etc, que foram considerados comuns aos três mercados.

(2) Correspondem aos gastos de administração e dos serviços administrativos.

(3) Os gastos de financiamento dizem respeito sobretudo a descontos de pagamento concedidos e a juros de empréstimos bancários.

Caso a empresa avalie os resultados de cada mercado através do resultado contabilístico após imputação dos gastos comuns, identifique o mercado que durante o ano N apresentou uma maior rendibilidade, tendo em conta as seguintes bases de repartição:

1. Imputação dos custos comuns em função dos rendimentos de cada mercado;
2. Imputação dos custos comuns em função do número de vendedores afetos a cada mercado;
3. Imputação dos custos comuns em função dos custos diretos da mercado.

Resolução:

Rubricas	Mercado A	Mercado B	Mercado C	Total
Rendimentos				
Vendas por Mercado	4.000.000	4.000.000	1.900.000	9.900.000
Custos Diretos				
Custo das mercadorias	2.600.000	2.600.000	1.102.000	6.302.000
Comissões nas vendas	200.000	180.000	76.000	456.000
Outros gastos comerciais	412.000	349.000	283.000	1.044.000
Depreciações	93.750	87.500	31.250	212.500
Total dos custos diretos	3.305.750	3.216.500	1.492.250	8.014.500
Margem de contribuição	694.250	783.500	407.750	1.885.500
ROS (*Return on Sales*)	17,34%	19,59%	21,46%	19,05%
Custos Indiretos:				
Imputação em % dos rendimentos	808.333	808.333	383.959	2.000.625
Resultados por Mercado (1)	(114.083)	(24.833)	23.791	(115.125)
Custos Indiretos				
Imputação em % Nº vendedores	560.175	640.200	800.250	2.000.625
Resultados por Mercado (2)	134.075	143.300	(392.700)	(115.125)
Custos Indiretos				
Imputação em % custos Diretos	825.201	802.921	372.503	2.000.625
Resultados por Mercado (3)	(130.951)	(19.421)	35.247	(115.125)

De acordo com o quadro apresentado, o mercado que apresenta uma melhor margem de contribuição em valor absoluto é o Mercado B, embora seja o Mercado C que proporciona uma melhor taxa de retorno. Porém, os resultados por mercado dependem do critério de imputação dos gastos indiretos. Caso a imputação dos custos indiretos seja feita em função dos rendimentos do segmento (critério questionável pois penaliza o esforço comercial da atividade), o Mercado C é o que apresenta um melhor resultado, embora seja aquele que apresenta menor rédito. Se for usado um critério baseado na intensidade da força de trabalho (n.º de vendedores), verifica-se uma inversão total dos resultados, passando os mercados A e C a serem aqueles que apresentam melhor performance líquida. Contudo, no nosso entender o critério mais equilibrado é a repartição dos custos indiretos proporcionalmente aos custos diretos do segmento, embora os resultados mantenham a mesma tendência que o primeiro critério utilizado.

Capítulo 4
Noções de Matemática Financeira

Os gestores, seja na esfera privada ou profissional, são frequentemente convocados a desenvolver raciocínios e a tomar decisões cuja génese tem subjacente as mais elementares noções de matemática financeira. São as bases dessa literacia financeira que nos propomos a desenvolver ao longo deste capítulo, e que se traduzem na prática na consciencialização do valor temporal do dinheiro, do valor de uso de um determinado ativo, ou mesmo da estruturação das opções de investimento ou de financiamento que, individual ou coletivamente, possamos ser impelidos a tomar.

4.1. O VALOR TEMPORAL DO DINHEIRO

O *Dinheiro* (*Do lat. Denarĭu-*) vulgarmente entendido como qualquer moeda de metal ou papel que representa um valor fixado por lei, pode ser sinónimo do valor representativo de qualquer quantia e, consequentemente, expressão do justo valor no âmbito de qualquer troca, seja de natureza comercial ou outra. A estabilidade dos preços, ou seja, a manutenção do poder de compra dessa moeda, constitui o objetivo mais imediato da política monetária de qualquer sistema financeiro. Será esta estabilidade que contribui para o crescimento sustentável das economias, para o bem-estar económico e para a criação de emprego. Assim, poder-se-á afirmar que a estabilidade dos preços permite aos cidadãos tomarem decisões de consumo e de investimento ajustadas, contribuindo globalmente para a eficiência dos mercados de capitais na afetação dos recursos, fomentando os incentivos ao investimento. Tal objetivo é alcançado através do controlo das taxas de juro, as quais expressam, extensivamente, o diferencial entre o valor do dinheiro, tomando por referência pelo menos dois momentos temporais distintos.

Tal como acima referido, este capítulo procura sensibilizar o leitor para o valor temporal do dinheiro e para o seu consequente impacto nas decisões empresariais, sejam elas de natureza operacional, de investimento ou de financiamento. Neste âmbito, sinalizamos a noção da flutuação do valor do dinheiro no tempo, decorrente dos impactos decorrentes das opções em matéria de política monetária. De forma simplificada, ilustramos na Figura 4.1 os conceitos de *Capitalização* e de *Atualização* (ou *Desconto*), os quais invocaremos ao longo dos próximos capítulos.

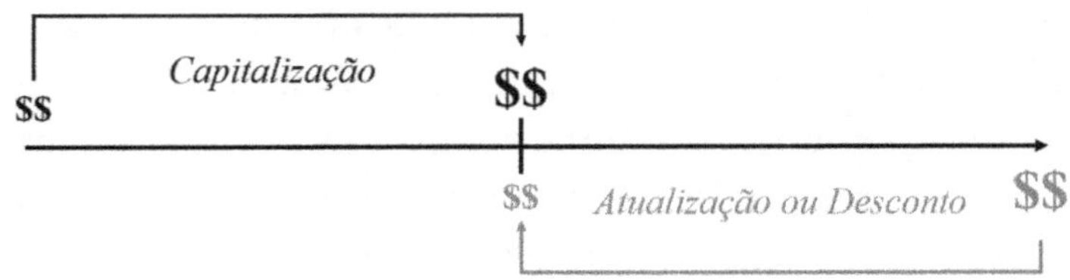

Figura 4.1 – O valor temporal do dinheiro

Assim, *Capitalizar* corresponde a projetar (transformar) determinada quantia (a partir deste ponto designado por «capital») num momento temporal futuro, enquanto *Atualizar* (ou *Descontar*) corresponde a referenciar no momento presente, ou num momento passado, um determinado capital ou série de capitais futuros. Em quaisquer dos casos, é utilizada uma determinada taxa de juro, a qual reflete a flutuação de valor, entendida esta como o efeito da desvalorização monetária, ou em determinadas circunstâncias o retorno esperado ou potencial desse capital. Numa abordagem menos holística, poder-se-á afirmar que a taxa de juro é o principal custo de qualquer operação (*v.g.* financiamentos bancários, leasing, factoring, etc.) ou o retorno de uma determinada aplicação (*v.g.* depósitos a prazo ou outros instrumentos financeiros).

O domínio do conceito de *Taxa Anual Efetiva ou Equivalente* (TAE) é desejável, pois permite compreender mais fielmente o custo ou o rendimento de uma determinada operação, permitindo comparações de forma homogénea. Contudo, existem despesas (*v.g.* despesas de formalização notarial, despesas com garantias e outros colaterais, despesas com seguros, etc.) que nem sempre concorrem para o cálculo da referida taxa, situações excecionadas em determinadas situações e contextos.

4.2. O VALOR DE USO DE UM ATIVO

O valor de uso de um ativo (ou conjunto integrado de ativos), tal como consagrado nos principais normativos contabilísticos, corresponde ao valor presente (atual) dos fluxos de caixa futuros estimados, que se espera obter do seu uso continuado e da sua alienação (a determinado valor de venda ou de realização) no fim da sua vida útil ou económica. Assim, poderemos afirmar que a quantia recuperável de um ativo corresponderá ao maior valor entre o justo valor (atribuído por avaliação ou cotação) e o seu valor de uso. Por exemplo, o valor de uso de uma propriedade de investimento (imóvel arrendado a terceiros) será determinado pela atualização das rendas recebidas ao longo de determinado período, bem como a atualização do valor de venda que essa propriedade de investimento ainda tiver em determinado momento. Trata-se por isso de um conceito que traduzirá o retorno monetário de um ativo, com referência a um determinado momento, que certamente terá impactos nas decisões de investimento ou desinvestimento.

4.3. JURO SIMPLES E JURO COMPOSTO

Numa terminologia puramente financeira, são apontados dois regimes distintos no âmbito da capitalização: o regime de juro simples e o regime de juro composto. No primeiro, a aplicação de uma determinada taxa de juro a uma determinada quantia, gerará uma quantia de juros que não será adicionada a esse capital para efeitos de capitalização subsequente. Ou seja, o montante do capital mantém-se estável de período para período, situação em que o juro só será alterado em caso de haver alteração na taxa de juro contratada. No caso do regime de juro composto, os juros que se originam em determinado período, são adicionados ao capital desse período, passando a constituir o novo capital para o período subsequente. A existência de juros de juros constitui a principal característica do regime de juro composto.

A diversidade de produtos financeiros, associada à sua complexidade, está claramente associada à estrutura de funcionamento desses instrumentos financeiros. A sua estruturação e a importância relativa de cada um deles depende do perfil de risco dos intervenientes na operação e dos objetivos intrínsecos às decisões tomadas em cada momento. Porém, podemos afirmar com segurança que os produtos financeiros estruturados, que têm por base níveis de rendibilidade mais interessantes, embora menos imediatas, têm na sua génese e na sua estrutura o regime de juro composto.

4.4. OUTROS CONCEITOS

Numa obra desta natureza não poderíamos deixar de fazer referência a alguns conceitos que, de forma sistemática e nem sempre percetível, estão presentes no quotidiano dos indivíduos e das organizações. Referimo-nos em particular aos seguintes conceitos: Taxa de Juro Nominal; Taxa de Juro Efetiva; Taxa de Juro em Operações Ativas; Taxas de Juro em Operações Passivas; Renda.

A taxa de juro nominal é uma taxa de juro indicativa e declarada (normalmente numa base anual) em determinada operação, desconhecendo-se o ritmo das capitalizações que possam ocorrer. Contrariamente, as taxas de juro efetivas são aquelas que, sendo equivalentes (devidamente enquadradas em cada regime de capitalização), traduzem o ritmo a que se vencem os juros. Ou seja, caso estejamos perante juros que se vencem trimestralmente a uma taxa de juro nominal de 3%, a taxa trimestral efetiva é de 0,75%, assumindo o regime de juro simples.

A distinção de taxas de juro em operações ativas e taxas de juro em operações passivas depende da perspetiva de análise, estando indexadas a uma visão de natureza contabilística. Regra geral, esta distinção é apresentada na perspetiva das instituições financeiras, cuja principal operação ativa é a concessão de crédito a clientes e cuja principal operação passiva é a remuneração dos depósitos e outros produtos de poupança similares subscritos por esses clientes. Enquanto a concessão de crédito é relevada no Ativo (Demonstração da Posição Financeira ou Balanço), os depósitos bancários (recursos de clientes e de instituições) são relevados no Passivo. À remuneração do crédito a clientes está associada uma taxa de juro ativa enquanto à remuneração dos depósitos está associada uma taxa de juro passiva.

As Rendas resultam de processos de capitalização específicos, os quais incluem uma multiplicidade de capitais. Estamos perante casos de uma sucessão de capitais, vencíveis periodicamente (regra geral em momentos equidistantes no tempo), designados por «*Termos*», ou em linguagem mais corrente, por «*Prestações*». A tipologia das rendas depende de múltiplos critérios, fundamentalmente associados ao produto financeiro concreto. Entre esses critérios, sinalizamos o valor dos termos (rendas de termos constantes ou variáveis), a periodicidade dos termos (anuais, semestrais, etc.), o número de termos (rendas temporárias ou rendas perpétuas), a finalidade (de acumulação ou de amortização), o momento de início (imediatas ou diferidas) e o momento temporal face ao período de referência (antecipadas ou postecipadas).

A lista de conceitos que acabámos de enumerar não se esgota em si mesma nem pretende servir de única base de referência para desenvolvimentos a realizar ainda ao longo desta obra. Procuram tão somente alicerçar as bases de um pensamento financeiro elementar que nos permite ter a noção clara da importância do valor do dinheiro no tempo e da sua influência na tomada de decisões, numa base estruturada e informada.

4.5. CASOS PRÁTICOS E EXERCÍCIOS

Exercício 4.01

A sociedade *Multivalor – Investimentos Imobiliários, S. A.*, possui um edifício arrendado a uma sociedade de advogados, cujo contrato de arrendamento é de 5 anos (início do contrato em 1 de janeiro do ano N). As rendas trimestrais e postecipadas, no valor de 15.000 u.m., são pagas por transferência bancária e sujeitos à tributação aplicável.

O imóvel, com referência a 1 de janeiro do ano N, foi avaliado em 800.000 u.m., prevendo-se que no final da sua via útil (estimado para 31 de dezembro de N+20) ainda possua um valor comercial de 70% do valor de avaliação.

Pretende-se que calcule o valor de uso do imóvel, tomando por base uma taxa de juro trimestral de 0,75%.

Resolução:

O valor de uso do imóvel corresponde ao valor presente dos fluxos de caixa futuros estimados, que se espera obter do uso continuado do mesmo e da sua potencial alienação no fim da sua vida útil. Assim, o valor de uso corresponde à atualização das 20 rendas periódicas (trimestrais), bem como à atualização do seu valor comercial no final da sua vida útil (560.000 u.m.) em 80 períodos. Para efeitos de pura ilustração académica, assumimos que entre N+5 e N+20 não haverá qualquer retorno, situação que do ponto de vista prático é deveras irrealista e pouco expectável.

$$\text{Valor de uso} = 15.000 \star (1 + 0{,}0075)^{-1} + 15.000 \star (1 + 0{,}0075)^{-2} + \ldots + 15.000 \star (1 + 0{,}0075)^{-20} + 560.000 \star (1 + 0{,}0075)^{-80}$$

→ V.U. = 585.643,65 u.m. (*valor obtido com recurso a folha de cálculo*)

Exercício 4.02

A sociedade *Pantur, S.A.* pretende efetuar uma aplicação financeira de 100.000 u.m., estando a estudar a hipótese de optar por um depósito a prazo por um período de 5 anos, com vencimento semestral à taxa de juro semestral de 0,75%. Pretende-se que indique o valor dos juros obtidos, nas opções de regime de juro simples e regime de juro composto.

Resolução:

Em regime de juro simples, o juro obtido no final dos 5 anos será o seguinte: 100.000 x 10 x 0,0075, ou seja 7.500 u.m. Caso se opte pelo regime de juro composto, o valor do depósito no final dos 5 anos será de $100.000 \times (1+0{,}0075)^{10}$, ou seja 107.758,25 u.m. neste caso, os juros correspondem a 7.758,25 u.m.

Apresentamos de forma detalhada, a opção pelo regime de juro composto.

Semestre	Capital	Juros
1	100 000,00	750,00
2	100 750,00	755,63
3	101 505,63	761,29
4	102 266,92	767,00
5	103 033,92	772,75
6	103 806,67	778,55
7	104 585,22	784,39
8	105 369,61	790,27
9	106 159,88	796,20
10	106 956,08	802,17
	107 758,25	7 758,25

Exercício 4.03

Considere um conjunto de capitais, tal como referenciados na figura seguinte.

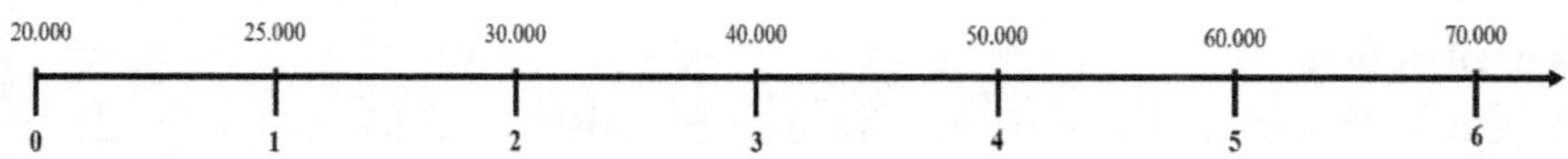

Tendo por base uma taxa de juro intrínseca a cada período de 2%, determine o somatório de todos os capitais, com referência ao:

- Momento 0;
- Momento 3;
- Momento 6.

Resolução:

Valor total Capitais (*Momento 0*) $= 20.000 + 25.000 \times (1+0{,}02)^{-1} + 30.000 \times (1 + 0{,}02)^{-2} + 40.000 \times (1 + 0{,}0075)^{-3} + 50.000 \times (1 + 0{,}02)^{-4} + 60.000 \times (1 + 0{,}02)^{-5} + 70.000 \times (1 + 0{,}02)^{-6} = 300.478{,}00$ u.m. (*valor obtido com recurso a folha de cálculo*)

Valor total Capitais (*Momento 3*) = 20.000 x $(1 + 0{,}02)^3$ + 25.000 x $(1 + 0{,}02)^2$ + 30.000 x $(1 + 0{,}02)^1$ + 40.000 +50.000 x $(1 + 0{,}02)^{-1}$ + 60.000 x $(1 + 0{,}02)^{-2}$ + 70.000 x $(1 + 0{,}02)^{-3}$
= 301.428,16 u.m. (*valor obtido com recurso a folha de cálculo*)

Valor total Capitais (*Momento 6*) = 20.000 x $(1 + 0{,}02)^6$ + 25.000 x $(1 + 0{,}02)^5$ + 30.000 x $(1 + 0{,}02)^4$ + 40.000 x $(1 + 0{,}02)^3$ + 50.000 x $(1 + 0{,}02)^2$ + 60.000 x $(1 + 0{,}02)^1$ + 70.000
= 308.266,55 u.m. (*valor obtido com recurso a folha de cálculo*

Exercício 4.04

Determinada sociedade possui, no momento atual, um capital de 50.000 u.m., que pretende investir. Uma das propostas que tem para análise refere que, ao final de 5 anos, poderá auferir de um capital acumulado de 57.963 u.m., embora sem referência a quaisquer produtos financeiros colaterais associados.

Pretende-se que determine a taxa de juro anual subjacente a esta proposta de investimento.

Resolução:

A equivalência de capitais em momentos distintos do tempo pode ser dada pela fórmula $(C_{t+n}/C_t)^{1/n} - 1$, em que n representa o número de períodos durante os quais se observa o vencimento de juros. Nesse sentido, a taxa de juro é de ≈ 3%, ou seja $(57.963/50.000)^{1/5} - 1$.

Exercício 4.05

A sociedade *AlémTejo, Lda.* avaliou junto de diversas entidades bancárias a possibilidade de um financiamento. Assim, após diversas consultas e análise de diversas propostas, optou por celebrar com o *Banco X*, um contrato de financiamento nas seguintes condições:

- Valor do financiamento: 200.000 u.m.;
- Comissão de abertura: 8% do valor nominal do financiamento;

- O reembolso será efetuado em 20 rendas (prestações) trimestrais de 12.650 u.m. cada, vencendo-se a primeira em 01 de janeiro do ano N+1.
- A taxa de juro efetiva trimestral é de 3,245%.

Resolução:
1ª Renda (Prestação):

(200.000 u.m. – 16.000 u.m.) x 0,03245 = 5.970,80 u.m. (Juros) → Amortização de capital = 6.679,20 u.m.

2ª Renda:

- Capital em dívida após liquidação da 1ª renda: 177.320,80 u.m. (184.000 u.m. – 6.679,20 u.m.);
- Juro incluído na 2ª renda: 177.320,80 u.m. x 0,03245 = 5.754,06 u-m.

Exercício 4.06

Determinado indivíduo pretende constituir uma poupança de reforma, a qual está prevista para daqui a 20 anos. Nesse sentido, pretende investir 2.000 u.m. por ano, valor que não sofrerá alterações durante o período. A proposta que está a analisar prevê uma taxa de rendimento subjacente ao fundo de cerca de 2% ao ano.

Optando por rendas imediatas e postecipadas, pretende-se que determine o valor do capital ao fim de 19 anos, ou seja após 20 prestações.

Resolução:
Estamos perante um investimento que corresponde a calcular o capital acumulado resultante de uma renda a nível constante (2.000 u.m.), imediata (a primeira renda vence-se durante o primeiro período) e postecipada (vencimento no final de cada período). O capital acumulado ao fim de 20 períodos é dado pela seguinte fórmula: $R \times [(1 + \text{taxa juro})^n - 1)/\text{taxa juro}]$, sendo "n" o número de entregas monetárias

a efetuar. Assim sendo, o capital acumulado no momento inicial da reforma será de [2.000 x $(1 + 0{,}02)^{20}$ -1)/0,02], ou seja 48.594,74 u.m., o que corresponde a 8.594,74 u.m. de juros.

Capítulo 5
Avaliação da Performance Económica-Financeira

As demonstrações financeiras, tal como referimos anteriormente, e em obras complementares a esta, constituiu a face mais visível da informação de gestão, capaz de proporcionar aos diversos *stakeholders* as bases para formar uma opinião sobre a sustentabilidade económico-financeira de uma organização. A sua comparabilidade no tempo e no espaço, garantidas as características qualitativas dessa informação, permite identificar sinais de alerta e tendências, tão indispensáveis a uma gestão ponderada e alicerçada na mitigação dos riscos, sejam eles de natureza operacional, financeira ou até mesmo reputacional.

5.1. INDICADORES DE BASE CONTABILÍSTICA

O Resultado Líquido do Período constitui um dos principais e mais primários indicadores de desempenho de uma organização, disponível de uma forma imediata e direta nas demonstrações financeiras tradicionais, embora de características muito limitadas e redutoras na aferição da sustentabilidade económica e financeira de uma organização. Por ser uma medida contabilística simples e de fácil compreensão, de natureza agregada, a sua possível e subsequente desagregação, leva-nos a concluir que este indicador ignora parte do custo de oportunidade do capital (entendido neste contexto como o retorno esperado e potencial, por parte do investidor) necessário para gerar esse resultado. É de acrescentar a esta evidência, o facto de serem excluídos e ignorados deste indicador fatores determinantes da criação de valor como sejam os riscos assumidos, as necessidades de investimento para se obterem os resultados, as políticas de dividendos, o valor do capital ao longo do tempo e, não menos importante, as distorções das demonstrações financeiras decorrentes da adoção de diferentes métodos e modelos de reconhecimento e mensuração.

O Retorno sobre o Investimento ou ROI mede a relação entre os resultados e o investimento necessário para os gerar. Desenvolvido nas primeiras décadas do séc. XX pela empresa Dupont, a *Análise Dupont*[1] incorpora a quantidade de investimento numa medida de desempenho, tratando de forma equilibrada três componentes importantes da rendibilidade empresarial: os rendimentos, os gastos e os investimentos. Ainda que se trate de uma medida mais completa que o resultado líquido do período, uma vez que identifica os impulsionadores da rendibilidade dos capitais próprios, apresenta igualmente limitações decorrentes do apuramento contabilístico do resultado operacional ou do valor do ativo. Para além de ignorar as políticas de financiamento na sua globalidade, não reflete quaisquer oportunidades de risco futuras do negócio. Resulta daqui um caráter estático que, num processo de criação de valor na perspetiva do investidor, se requer o mais dinâmico possível.

A Rendibilidade dos Capitais Próprios (RCP), que resulta do quociente entre o Resultado Líquido do Período e os Capitais Próprios, pode ser desagregada em três efeitos ou impulsionadores distintos:

- Efeito de Rendibilidade Económica (Alavanca Económica);
- Efeito de Alavanca Financeira;
- Efeito da Tributação.

O primeiro efeito traduz a rendibilidade do investimento, ou seja, a capacidade de um negócio gerar, do ponto de vista operacional, retorno económico. É, por sua vez, influenciada pelo efeito dos custos variáveis, pelo efeito dos custos de estrutura (genericamente associados aos custos fixos) e pela rotação do ativo económico ou do investimento. O efeito de alavanca financeira avalia o impacto da componente financeira no retorno do património líquido. O terceiro efeito permite isolar o efeito fiscal, o que traduz o impacto da tributação nos resultados antes de impostos.

[1] A terminologia utilizada nesta abordagem financeira não é uniforme para a generalidade dos autores. Alguns referem-se a ela como a *Equação de Dupont*, a *Identidade Dupont*, ou simplesmente a *Análise Dupont*. Por considerarmos ser a mais generalista, é esta última que adotaremos ao longo deste capítulo.

Antes de apresentarmos a análise integrada da rendibilidade, torna-se necessário evidenciar alguns indicadores financeiros que têm impacto em cálculos futuros, nomeadamente o *Fundo de Maneio Líquido* (FML), as *Necessidades em Fundo de Maneio* (NFM), a *Tesouraria Líquida* (TL) e o *Ativo Económico (AE)*. Traduzem genericamente os determinantes da política financeira da organização, evidenciando em alguns casos a segurança associada ao financiamento. O Ativo Económico emerge neste contexto como um dos indicadores mais relevantes de análise, na medida em que traduz apenas o valor do investimento líquido associado ao negócio, não tomando em consideração o financiamento da atividade operacional. Excluem-se, por isso, do Ativo Económico todos os ativos que não são, direta ou indiretamente geradores de réditos (rendimentos que, genericamente, estão associados às atividades operacionais ou de exploração), bem como aqueles que, pelo seu estádio de construção ou desenvolvimento, ainda não constituem unidades geradoras de caixa nem benefícios económicos correntes.

Indicador de desempenho (KPI)	Fórmula	Observações
Fundo de maneio líquido (FML)	Capitais Permanentes – Ativo Não Corrente	Reflete o diferencial entre os recursos estáveis (Capitais próprios + Passivo Não Corrente) da organização e as aplicações com duração superior a 1 ano (Ativo Não Corrente). Quando positivo, traduz segurança no financiamento.
Necessidades em Fundo de Maneio (NFM)	Necessidades Cíclicas (Crédito a Clientes + Inventários + Outros valores a receber de natureza cíclica) – Recursos Cíclicos (Crédito a Fornecedores + Créditos ao Estado + Outros valores a pagar de Natureza cíclica)	Indicador do ciclo de exploração que reflete os efeitos dos indicadores de atividade, nomeadamente os prazos médios e rotações. É um dos principais determinantes da política financeira.
Tesouraria Líquida (TL)	Fundo de Maneio – Necessidades em Fundo de Maneio ou Tesouraria Ativa – Tesouraria Passiva	Trata-se de um indicador de equilíbrio financeiro, o que se verifica quando próximo de zero. Se excessivamente positivo poderá evidenciar ineficiência da gestão financeira e quando excessivamente negativo evidencia incapacidade de a empresa solver os seus compromissos.
Ativo Económico (AE)	Ativos Fixos Tangíveis + Ativos Intangíveis + Necessidades em Fundo de Maneio	Evidencia o valor do investimento líquido que está afeto ao negócio, sendo por isso desprovido de investimentos não afetos à atividade (*v.g.* propriedades de investimento, investimentos financeiros, etc.) ou que não estejam a gerar retorno (*v.g.* investimentos em curso, ativos disponíveis para venda e unidades operacionais descontinuadas).

Na análise integrada da rendibilidade dos capitais próprios, seguiremos o modelo multiplicativo de análise pelo que este indicador será o produto de todos os seus efeitos. Apresentamos em seguida a síntese desses indicadores bem como algumas notas que proporcionarão ao leitor uma melhor e mais imediata perceção e análise.

<table>
<tr><th>Indicador de desempenho (KPI)</th><th colspan="2">Fórmula</th><th>Observações</th></tr>
<tr><td rowspan="3">Rendibilidade Económica</td><td rowspan="3">Resultado Operacional / Ativo Económico</td><td>Rendibilidade Bruta das Vendas

Margem Bruta / Volume de Negócios</td><td>Traduz o efeito da margem de comercialização ou da margem de contribuição.</td></tr>
<tr><td>Efeito dos Gastos de Estrutura

Resultado Operacional / Margem Bruta</td><td>Evidencia o nível de absorção da margem pelos custos fixos ou de estrutura.</td></tr>
<tr><td>Rotação do Ativo Económico

Volume de negócios / Ativo Económico</td><td>Traduz o número de vezes em que o investimento líquido se replica no volume de negócios.</td></tr>
<tr><td rowspan="2">Alavanca Financeira</td><td rowspan="2">Efeitos dos Encargos Financeiros x Estrutura do Financiamento</td><td>Efeito dos Encargos Financeiros

Resultados Antes de Impostos / Resultado Operacional</td><td>Traduz o impacte da dimensão financeira. A aproximação à unidade traduz um fraco impacto dessa dimensão.</td></tr>
<tr><td>Estrutura do Financiamento

Ativo Económico / Capitais Próprios</td><td>Traduz a origem do financiamento. Quanto mais elevado, maior o nível de financiamento em capital alheio.</td></tr>
<tr><td>Efeito da Tributação</td><td>Resultado Líquido do Período / Resultado Antes de Impostos</td><td colspan="2">Traduz o efeito da tributação. Quanto mais se aproximar da unidade, menor o efeito dessa tributação.</td></tr>
</table>

A rendibilidade do capital próprio permite, na verdade, avaliar como está a ser feita a gestão dos recursos próprios em benefício dos detentores do capital, embora não nos possamos alhear do facto de esta medida englobar tanto o desempenho financeiro como operacional.

A *Análise de Dupont* evidencia que o retorno do capital próprio resulta do produto entre a margem de lucro (eficiência operacional), a rotação do ativo (eficiência no uso dos ativos) e o multiplicador do capital próprio (efeito de alavanca financeira). Neste âmbito, sublinhamos que tanto o indicador Retorno do Investimento (ROI) como o indicador de Retorno do Capital Próprio (ROE) têm sido, nas últimas décadas, as medidas contabilísticas de valor mais utilizadas. À medida que se foi reconhecendo não haver correlação entre o aumento dos resultados e a criação de valor para o detentor do capital, mais populares se tornaram estas medidas. Enquanto o ROI se tornou mais utilizado ao nível da unidade de negócio ou divisão operacional, o ROE assumiu especial importância ao nível estratégico pois representa uma medida primária do ponto de vista dos investidores.

O facto de aqueles dois indicadores serem, na sua essência, muito similares, leva a concluir que ambos partilham das mesmas deficiências e limitações. O ROE é particularmente sensível ao efeito de alavanca pois ao acompanhar o aumento verificado no financiamento externo, não está de acordo com a quebra do valor da empresa em resultado do incremento verificado no risco financeiro. Perante esta constatação de natureza simplista, poderá concluir-se que, uma medida de natureza contabilística pode estar em conflito direto com a criação de valor para o investidor.

Como já referido, os indicadores de retorno antes apresentados têm a sua essência nas demonstrações financeiras de índole contabilística. Nesse sentido, os seus valores são influenciados pelos critérios de mensuração e pelos modelos de mensuração adotados. Ainda que estes constrangimentos possam inibir a comparação no espaço (no âmbito do setor ou mesmo numa análise intersectorial), consideramos que a utilidade da comparação do indicador ao longo do tempo não será comprometida. Assumimos que, em estrita observância do postulado da consistência, os critérios de reconhecimento e modelos de mensuração de ativos e passivos, não são frequentemente alterados. Os enviesamentos decorrentes da multiplicidade de critérios não colocam em causa a utilidade da análise dinâmica desses indicadores.

Os indicadores de atividade são, na sua generalidade, indicadores de retorno. Influenciam o ciclo de caixa e consequentemente as necessidades em fundo de maneio, ou seja, o volume de capital requerido pelas transações de natureza cíclica.

Indicador de desempenho (KPI)	Fórmula	Observações
Prazo Médio de Recebimentos (PMR)	[Clientes / (Volume de Negócios + IVA)] x 365 dias	Traduz o prazo médio que decorre entre o reconhecimento da receita (fluxo real) e o recebimento (fluxo monetário). Deverá ser desagregado por tipologia de negócio (*v.g.* Vendas, Prestações de Serviços, etc.)
Prazo Médio de Pagamentos (PMP)	[Fornecedores[2] / (Compras[3] + IVA)] x 365 dias	Traduz o prazo médio que decorre entre o reconhecimento da despesa (fluxo real) e o pagamento (fluxo monetário). Deverá ser desagregado por tipologia de compras (*v.g.* Matérias-primas; Mercadorias, etc.)
Rotação de Inventários	(Inventários / CIVMC) x 365 dias	Traduz o número médio de dias que os inventários permanecem em armazém.
Ciclo de Tesouraria (*ou de Caixa*)	Rotação de Inventários + PMR - PMP	Traduz o número de dias em que se desenvolve o ciclo de exploração, ou seja, é uma medida da amplitude do ciclo em que os fluxos monetários são gerados. Este indicador deve complementar a análise da Demonstração dos Fluxos de Caixa.

Os indicadores anteriormente apresentados complementam análises mais integradas, embora tenham um significado autónomo. Influenciam as decisões sobre as políticas de crédito, de inventários e de pagamentos a fornecedores. Contudo, não podemos deixar de sublinhar que as grandezas contabilísticas a considerar, para efeitos de cálculo dos indicadores, deverão ser desprovidas de todos os fatores que possam distorcê-las como sejam: imparidades em dívidas a receber, imparidades em inventários e situações pontuais com características de exceção.

---

[2] O cálculo do PMP pode ser calculado de uma forma puramente restrita ou extensiva. Neste segundo caso, devem ser incluídas as aquisições de bens e serviços de natureza operacional, as quais estão contabilisticamente refletidas na rubrica «Fornecimentos e serviços Externos». Numa empresa prestadora de serviços, ou sempre que a prestação de serviços se revela uma atividade relevante, consideramos que a mesma deve ser considerada. Em todo o caso, o rigor dos indicadores carece de uma análise de natureza analítica, a valorizar no contexto interno.

[3] Ainda que conscientes da distorção, em caso de ausência de informação sobre o volume das compras, recomendamos a substituição desta grandeza pelo CIVMC. Assume-se neste caso que tudo o que fora comprado fora vendido ou consumido, o que raramente corresponde à realidade.

Um dos determinantes da capacidade de endividamento de uma organização é a liquidez dos seus ativos, sendo esta entendida como a capacidade de os transformar em meios financeiros líquidos. A medição dessa capacidade assenta tradicionalmente na determinação de três rácios distintos, nos quais são englobadas as diversas grandezas do ciclo de exploração. Trata-se de uma comparação simplista entre os ativos que integram o ciclo de exploração e as dívidas de curto prazo (passivo corrente).

<table>
<tr><th>Indicador de desempenho (KPI)</th><th>Fórmula</th><th>Observações</th></tr>
<tr><td>Liquidez Geral</td><td>Ativo Corrente / Passivo Corrente</td><td rowspan="3">O ativo corrente engloba, tal como evidenciado no capítulo 1, os inventários, as dívidas a receber a curto prazo (ou incluídas no ciclo operacional da entidade) e os meios financeiros líquidos. O passivo corrente engloba as dívidas a pagar a curto prazo ou que estejam inseridas na duração do ciclo operacional da entidade. As grandezas a considerar deverão ser desprovidas de quaisquer imparidades acumuladas.</td></tr>
<tr><td>Liquidez Reduzida</td><td>(Ativo corrente – Inventários) / Passivo Corrente</td></tr>
<tr><td>Liquidez Imediata</td><td>Meios Financeiros líquidos / Passivo Corrente</td></tr>
</table>

A liquidez reduzida é um indicador conservador pois exclui do numerador os inventários uma vez que estes podem ser, por natureza, ilíquidos — dependem do esforço de venda, o que nem sempre é possível por diversas razões. Nesse sentido, a liquidez reduzida parece ser um indicador mais aderente aos objetivos do que se pretende testar[4]. Por outro lado, a liquidez imediata requer algum cuidado na análise pois pode evidenciar más políticas financeiras, caso os meios financeiros líquidos apresentem uma imobilização exagerada face às características do negócio.

[4] Higgins (2007) designa este indicador como *Acid Test*. Mesmo que a entidade pretendesse liquidar os inventários nunca receberia a totalidade da sua quantia escriturada. É por isso uma grandeza que pode distorcer significativamente a análise.

Indicador de desempenho (KPI)	Fórmula	Observações
Endividamento	Passivo / Ativo	Estes indicadores comungam do mesmo objetivo pois pretendem avaliar se a organização possui ativos que lhes permitam liquidar as suas dívidas e cumprir com as responsabilidades assumidas para com terceiros.
Estrutura do Endividamento	Passivo Corrente / Passivo	
Solvabilidade	Capital Próprio / Passivo	
Autonomia Financeira	Capital Próprio / Ativo	É um indicador idêntico aos anteriores que mede a proporção de ativos que são financiados pelo capital próprio. É por isso um indicador de estabilidade ou vulnerabilidade empresarial.

Os indicadores da estrutura económico-financeira de uma organização permitem avaliar a origem do financiamento dos seus ativos bem como a sua capacidade em garantir o cumprimento das responsabilidades assumidas para com terceiros. São por isso indicadores de maior estabilidade ou vulnerabilidade empresarial.

Os indicadores apresentados de seguida são indicadores de mercado na medida em que incluem no seu cálculo, o preço das ações, ou seja, o valor de mercado do capital próprio da entidade. Sem prejuízo de podermos estar a ser demasiado redutores na análise, estabelecemos uma conexão com o indicador VMCP (Valor de Mercado dos Capitais Próprios) pois reflete o diferencial entre o valor contabilístico da organização e o seu valor de mercado. É de sublinhar a importância destes indicadores na avaliação das organizações, porquanto o seu valor poderá evidenciar a existência de fatores (incluindo ativos e passivos) que não estão refletidos na contabilidade por dificuldades de mensuração.

Indicador de desempenho (KPI)	Fórmula	Observações
Price Earnings Ratio	Resultado por Ação / Preço por Ação	Estes indicadores dependem da política de distribuição dos dividendos, da taxa de custo do capital e do crescimento. Deverá ser complementado com a análise integrada da rendibilidade dos capitais próprios. Poder-se-á afirmar que estes indicadores traduzem o período de recuperação do capital assumindo a distribuição integral dos resultados.
Earnings Price Ratio	Preço por Ação / Resultado por Ação	
Market to Book Ratio	Preço por Ação / Valor Contabilístico por Ação	Este indicador surge em linha com o VMCP e traduz o diferencial entre o valor contabilístico e o valor de mercado da entidade. A adoção do novo normativo contabilístico poderá, quanto a nós, contribuir para aproximar as duas grandezas em comparação.
Book to Market Ratio	Valor Contabilístico por Ação / Preço por Ação	

A análise que se poderá fazer às demonstrações financeiras de uma entidade depende muito das suas características, devendo o analista escolher os indicadores que melhor traduzem o desempenho dessa organização. O nosso intuito neste ponto é apenas o de identificar um conjunto de indicadores que, devidamente contextualizados, possam constituir uma boa fonte de informação para os decisores. Esses indicadores deverão integrar os sistemas de informação de gestão que as organizações utilizam no sentido de proporcionar uma informação útil aos utilizadores diversificados.

A variedade de indicadores que apresentamos de seguida tem uma natureza residual. Nela se identificam outros indicadores que, ao longo da nossa experiência, fomos identificando como relevantes para a avaliação do desempenho organizacional. Não se tratando de uma lista completa, poderá, contudo, induzir o académico ou o profissional a incluí-los nos sistemas de informação de gestão com que trabalha. Trata-se fundamentalmente de indicadores de base contabilística pelo que não será de desprezar os constrangimentos associados aos critérios de reconhecimento e modelos de mensuração.

<table>
<tr><th>Indicador de desempenho (KPI)</th><th>Fórmula</th><th>Observações</th></tr>
<tr><td>Retorno do Ativo</td><td>Resultado líquido do Período / Ativo</td><td>Traduz o contributo do Ativos da entidade para a formação do resultado. Trata-se de um indicador bastante agregado cuja análise carece de ser completada com outros indicadores abordados anteriormente.</td></tr>
<tr><td>Resultado Operacional Após Impostos (NOPAT)</td><td>Resultado Operacional x (1- Taxa de IRC)</td><td rowspan="2">Estes indicadores apresentam especial interesse no âmbito de uma análise por segmentos. Contudo, o primeiro apresenta do nosso ponto de vista uma natureza muito redutora e de aplicação muito limitada.</td></tr>
<tr><td>Retorno do Capital Investido</td><td>Resultado Operacional (1- Taxa de IRC) / (Financiamentos + Capital Próprio)</td></tr>
<tr><td>Taxa de cobertura dos Gastos Operacionais</td><td>[(Rendimentos Operacionais / Gastos Operacionais) – 1]</td><td>Traduz a folga existente entre os rendimentos e os gastos operacionais. Do nosso ponto de vista, deverão ser excluídas da análise todas as grandezas que não originem fluxos monetários (v.g. Depreciações, Amortizações, Imparidades, Flutuações de justo valor, entre outras).</td></tr>
<tr><td>Resultados antes de Depreciações, Gastos de Financiamento e Impostos (EBITDA)</td><td colspan="2" rowspan="2">Indicadores obtidos diretamente da Demonstração dos Resultados. O primeiro não toma em consideração os gastos com depreciações e amortizações nem as imparidades associadas a investimentos depreciáveis ou amortizáveis.</td></tr>
<tr><td>Resultados antes de Gastos de Financiamento e Impostos (EBIT)</td></tr>
</table>

Ao longo deste capítulo procuramos identificar um conjunto de indicadores que possam elucidar o desempenho económico-financeiro de uma organização. Porém, excluímos deliberadamente da análise os indicadores que extravasam o âmbito da contabilidade financeira, nomeadamente a análise do ponto crítico, margem de segurança e margem de contribuição, tópicos já abordados no Capítulo 3 desta obra. Por serem indicadores baseados em tipologias de custos diversas (fixo; variável; direto, indireto; diferencial, marginal, entre outros), que não uma classificação por naturezas, remetemos essa análise para o domínio da contabilidade de gestão.

5.2. INDICADORES DE CRIAÇÃO DE VALOR

A sofisticação das análises do valor empresarial tem acompanhado o rigor exigido por parte dos investidores, assim como a complexidade e a evolução científica verificada nos mercados de capitais. A inexistência de modelos ou medidas que reflitam com total exatidão o desempenho das organizações e as tendências dos mercados, tem provocado grandes alterações na forma de entender e avaliar o valor por parte de analistas e investidores.

Certos fenómenos relacionados com a psicologia dos investidores e a estreiteza do mercado, são apontados por grande parte dos agentes como os fatores determinantes da variação do preço dos títulos, relegando por vezes para segundo plano toda a racionalidade económica. Mas, na verdade, essa psicologia assenta muitas vezes em indicadores diversificados que, ainda que não sejam seguidos pela generalidade dos analistas e investidores, têm vindo a fornecer indicações úteis em termos de posicionamento empresarial e até de prospeção de potencial crescimento.

Um dos indicadores mais mediáticos no âmbito dos indicadores de criação de valor é o indicador *Economic Value Added* (EVA). Apresenta-se como uma medida integral de gestão que reflete o que aconteceu à riqueza dos acionistas. É realmente um indicador económico utilizado na avaliação da gestão de uma organização, de uma unidade de negócio, de um segmento ou de um projeto específico. Pode ser calculado sobre bases históricas para obter uma medida de desempenho real ou sobre bases predeterminadas, com referência a resultados futuros. De acordo com esta abordagem, obter um retorno superior ao custo do capital, traduz a criação de valor. Ao inverso está associada a destruição de valor pela organização.

O EVA é calculado subtraindo ao resultado operacional gerado, o custo de oportunidade do capital. A ideia fundamental é a de que os investidores devem obter um retorno que compense o risco associado. Ou seja, o retorno obtido sobre o capital deve ser similar ao retorno obtido sobre outras alternativas de investimento. Se tal não acontecer, não se pode considerar que a organização esteja verdadeiramente a gerar um resultado positivo, mas sim a operar numa posição de prejuízo na perspetiva dos investidores. Quando o EVA é zero, significa que os investidores conseguiram compensar o risco.

Importa referir que também este indicador tem na sua génese grandezas contabilísticas obtidas a partir das demonstrações financeiras e, consequentemente, influenciadas pelos critérios de reconhecimento e pelos modelos de mensuração dos ativos e passivos. Contudo, sempre que os ativos e passivos tenham por base os seus justos valores, estamos perante o indicador *Refined Economic Value Added* (REVA). No caso em que os ativos e passivos são corrigidos dos efeitos do valor temporal do dinheiro, estaremos perante o cálculo do indicador *Adjusted Economic Value Added* (AEVA).

Indicador de desempenho (KPI)	Fórmula	Observações
Economic Vallue Added (EVA)	Resultado Operacional – K% * Ativo Económico – Imposto sobre o Rendimento	Indicador que traduz a criação (>0) ou destruição (<0) de valor no período considerado. K% representa o custo médio ponderado do capital, englobando as fontes de financiamento em sede de capital alheio e em sede de capital próprio (neste caso corresponderá à taxa de custo de oportunidade).
Margem de contribuição Residual (MCR)	Resultado Operacional – K% * Ativo Económico	Difere do anterior pelo facto de não incluir o efeito da tributação.
Valor Económico Criado (VEC)	*Indicador de base histórica* $\sum_{t=1}^{n} FCO_t * (1+i)^n$	Indicador baseado nos Fluxos de Caixa Operacionais (FCO), podendo ser calculado numa base histórica ou prospetiva. Evidencia o valor criado ou a criar ao longo de uma série temporal, desde que sejam identificados os correspondentes FCO.
	Indicador de base prospetiva $\sum_{t=1}^{n} FCO_t * (1+i)^{-n}$	**i – taxa de desconto**

Indicador de desempenho (KPI)	Fórmula	Observações
Valor de Mercado dos Capitais Próprios (VMCP)	$VCCP \oplus \sum_{N=1}^{n} \frac{EVA_N}{(1+k)^N}$	Traduz o excesso de valor de mercado de uma organização face ao capital que a mesma possui. **VCCP – Valor contabilístico do capital próprio; k – taxa de desconto.**

A principal inovação do indicador EVA está seguramente na incorporação do custo do capital (em particular do capital próprio) no cálculo do resultado do negócio e na consequente operacionalidade do custo de oportunidade. A capacidade deste indicador em expressar a criação ou destruição de valor por parte da organização, reforça os desenvolvimentos em torno do indicador *Market Value Added* (MVA). A necessidade de pormenorizar as diferenças entre o valor de uma empresa e o seu valor de mercado, vieram colocar o MVA como uma medida absoluta e integral de desempenho de gestão, altamente representativa da qualidade dos seus gestores, ao centrar-se no valor acumulado ou perdido relativamente ao valor do capital investido. Trata-se de um indicador que procura suprir uma das maiores deficiências dos indicadores contabilísticos e que se traduz na sua incapacidade em evidenciar as oportunidades futuras de negócio.

Na verdade, a generalidade dos indicadores, ao basearem-se em valores históricos, não refletem muitas vezes os valores correntes ou de mercado das organizações. Assim, os indicadores baseados em taxas de retorno falham ao não exprimirem o verdadeiro retorno económico, já que não refletem o real impacto da intensidade do capital investido. Quanto maior for a base histórica, maior o afastamento aos efeitos causados pela evolução dos mercados ou por quaisquer outros fatores de natureza endógena ou exógena.

A diversidade de indicadores baseados no valor está em claro crescimento por parte de consultores e académicos, embora não difiram significativamente uns dos outros em termos conceptuais. A principal divergência reside no facto de alguns desses indicadores tomarem como base os resultados operacionais enquanto outros tomam por base os fluxos de caixa operacionais. Consideramos que os indicadores baseados em fluxos monetários (v.g. VEC ou o CFROI – *Cash Flow Return on Investiment*) apresentam uma maior aderência à realidade uma vez que não são influenciados por critérios de mensuração e valorização contabilística. Sublinhamos que os fluxos monetários não são permissíveis às manipulações decorrentes da discricionariedade associada à contabilidade criativa, ao permitirem que o preparador da informação possa seguir os mais diversos critérios de reconhecimento e mensuração de ativos e passivos. Assim, o CFROI tem assumido nos últimos tempos uma importância crescente, ao basear-se não nas tradicionais medidas contabilísticas, mas nos fluxos de caixa. O facto de todas as suas variáveis se expressarem a preços reais e por isso estarem isentas das distorções já referidas, permite uma comparação direta dos valores ao longo do tempo e entre empresas de diferentes setores e/ou localizações geográficas. Não sendo possível encontrar um modelo de análise do valor de aplicação universal, parece incontestável que as medidas baseadas nos fluxos de caixa têm vindo a assumir um papel preponderante, apresentando melhores correlações com as verdadeiras taxas de retorno e com o comportamento dos mercados.

Inúmeros são os fatores que determinam as reações do mercado. Destacamos a qualidade da informação, os momentos e os canais em que a mesma é divulgada e a perceção que cada investidor tem do risco. Tornou-se evidente que, hoje, os mercados reagem com muito mais prudência aos fluxos de caixa, crescimento ou custo do capital do que no passado.

A gestão baseada no valor é, pois, um processo de maximização contínua do valor da organização. Esta metodologia melhorará a comunicação bidirecional ao estabelecer uma linguagem comum no seio dessa organização. Para além da procura dos melhores indicadores que possam proporcionar uma visão integrada do desempenho organizacional, assumem também gradual importância os sistemas que permitem a divulgação desses indicadores.

5.3. CASOS PRÁTICOS E EXERCÍCIOS

Exercício 5.01

Considere as demonstrações financeiras consolidadas da empresa *Seovox, S.A.*, com referência aos períodos económicos de N e N-1. Pretende-se que, através do cálculo de indicadores que se revelem adequados, sinalize aos aspetos mais críticos que entenda por pertinentes, relativos à sustentabilidade económica e financeira do referido grupo empresarial, nomeadamente nos seguintes pilares estruturantes:

- Rendibilidade;
- Liquidez;
- Estrutura económico-financeira;
- Atividade (funcionamento);
- Outros.

DEMONSTRAÇÃO DA POSIÇÃO FINANCEIRA CONSOLIDADA DA EMPRESA *SEOVOX, S.A.* EM 31.12.N E 31.12.N-1

(u.m.)

RUBRICAS	31.12.N	31.12.N-1
ACTIVO NÃO CORRENTE		
Goodwill	611 997	611 997
Ativos intangíveis	412 847	1 077 832
Ativos fixos tangíveis	97 821 610	86 264 400
Propriedades de investimento	16 363 198	17 903 011
Ativos financeiros disponíveis para venda	3 732 500	3 483 128
Ativos por impostos diferidos	2 313 378	2 194 438
Clientes	169 252	26 048
Total Ativo Não Corrente	121 424 782	111 560 854
ACTIVO CORRENTE		
Inventários	96 002 214	82 791 897
Clientes	52 022 943	57 894 408
Outras dívidas a receber	6 541 709	4 151 819
Imposto sobre o rendimento a recuperar	0	99 372
Outros ativos correntes	5 221 453	4 723 329
Caxa e equivalentes de caixa	17 267 570	14 556 190
Total Ativo Corrente	177 055 889	164 217 015
Total do Ativo	298 480 671	275 777 869
CAPITAL PRÓPRIO E PASSIVO		
CAPITAL PRÓPRIO		
Capital social	35 000 000	35 000 000
Reserva legal	7 498 903	7 498 903
Reservas de reavaliação	6 195 184	6 195 184
Reservas de conversão cambial	-1 695 238	-1 695 238
Reservas de justo valor	651 818	402 446
Outras reservas	73 723 263	73 024 661
Resultado líquido do período (integral)	9 431 462	6 003 186

RUBRICAS	31.12.N	31.12.N-1
Interesses não controlados	1 294 261	1 241 831
Total do Capital Próprio	132 099 653	127 670 973
PASSIVO NÃO CORRENTE		
Financiamentos obtidos	26 914 001	32 894 408
Responsabilidades por planos de benefícios	8 981 000	8 434 420
Provisões	514 525	407 105
Passivos por impostos diferidos	1 635 144	1 717 275
Passivo Não Corrente	38 044 670	43 453 208
PASSIVO CORRENTE		
Financiamentos obtidos	53 024 793	36 326 297
Fornecedores	40 256 759	35 509 231
Outras dívidas a terceiros	13 207 610	11 417 744
Imposto sobre o rendimento a pagar	1 716 581	0
Outros passivos correntes	20 130 605	20 680 411
Responsabilidades por planos de benefícios	0	691 580
Instrumentos financeiros derivados	0	28 425
Passivo Corrente	128 336 348	104 653 688
Total do Passivo	166 381 018	148 106 896
Total do Capital Próprio + Passivo	298 480 671	275 777 869

DEMONSTRAÇÃO DOS RESULTADOS DA EMPRESA *SEOVOX, S.A.* RELATIVA AOS PRÍODOS N e N-1

(u.m.)

RENDIMENTOS E GASTOS	N	N-1
Vendas	390 034 711	336 956 422
Outros rendimentos operacionais	46 543 561	43 214 520
Variação na produção	3 164 485	-340 128
Custo das vendas	-321 111 526	-274 923 739
Fornecimentos e serviços externos	-43 229 565	-37 106 246
Gastos com o pessoal	-38 634 544	-39 365 006
Perdas por imparidade	27 128	-113 831
Outros gastos operacionais	-2 541 205	-2 958 588
Resultados antes de depreciações, gastos de financiamento e impostos	34 040 054	25 105 698
Amortizações, depreciações e imparidades	-18 611 512	-15 540 732
Resultado operacional (antes de gastos de financiamento e impostos)	15 428 542	9 564 966
Gastos e perdas financeiros	-2 608 769	-2 643 285
Rendimentos e ganhos financeiros	33 363	346 531
Resultado antes de impostos	12 853 136	7 268 212
Imposto sobre o rendimento do período	-3 421 674	-1 265 026
Resultado líquido do período	9 431 462	6 003 186

Resolução:

A análise da sustentabilidade económico-financeira deve tomar em consideração os diversos pilares de análise, bem como o enquadramento setorial. Nesse sentido, apresentam-se de seguida os principais indicadores, utilizados no setor não financeiro, assim como algumas notas relativas à evolução do posicionamento económico-financeiro da organização.

Nota prévia: *os resultados apresentados resultam da utilização de folha de cálculo, pelo que os mesmos poderão divergir caso se resolva o exercício de forma manual, com eventual assunção prévia de arredondamentos intermédios.*

Indicador de desempenho (KPI)	N	N-1	Variação
Fundo de Maneio Líquido	48.719.541 u.m.	59.563.327 u.m.	-18,21%
Necessidades em Fundo de Maneio	84.476.764 u.m.	81.361.859 u.m.	3,83%
Tesouraria Líquida	-35.757.223 u.m.	-21.798.532 u.m.	-64,04%
Ativo Económico	185.805.848 u.m.	171.536.574 u.m.	8,32%

Rendibilidade dos Capitais Próprios (Análise *Dupont*)

Indicador de desempenho (KPI)	N	N-1	Variação
Rendibilidade dos Capitais Próprios	7,14%	4,70%	51,84%
Rendibilidade Económica (Alavanca económica)	8,30%	5,58%	48,92%
Rendibilidade Bruta das Vendas	18,334%	18,327%	0,03%
Efeito dos Gastos de Estrutura (Fixos)	21,40%	15,50%	38,04%
Rotação do Ativo Económico	2,12	1,96	7,84%
Alavanca Financeira	117,18%	102,10%	14,77%
Efeito dos Encargos Financeiros	83,31%	75,99%	9,63%
Estrutura do Financiamento	1,41	1,34	4,69%
Efeito da Tributação	73,38%	82,60%	-11,16%

Liquidez

Indicador de desempenho (KPI)	N	N-1	Variação
Liquidez Geral	1,38	1,57	-12,08%
Liquidez Reduzida	0,63	0,78	-18,83%
Liquidez Imediata	0,13	0,14	-3,26%

Estrutura Económico-Financeira

Indicador de desempenho (KPI)	N	N-1	Variação
Endividamento	0,56	0,54	3,79%
Estrutura do endividamento	0,77	0,71	9,16%
Solvabilidade	0,79	0,86	-7,90%
Autonomia Financeira	0,44	0,46	-4,40%

Atividade (ou funcionamento)

Indicador de desempenho (KPI)	N	N-1	Variação
Prazo Médio de Recebimentos*	40	51	-22,37%
Prazo Médio de Pagamentos*	37	38	-2,94%
Rotação de Inventários	109	110	-0,72%
Ciclo de Tesouraria *(ou de Caixa)*	112	123	-9,03%

* Foi considerado IVA à taxa de 23%

Outros Indicadores

Indicador de desempenho (KPI)	N	N-1	Variação
Retorno do Ativo	3,16%	2,18%	45,16%
Resultado Operacional após Impostos**	11.321.464,12 u.m.	7.935.095,79 u.m.	42,68%
Retorno do Capital Investido**	5,33%	4,03%	32,26%
Taxa de Cobertura dos Gastos Operacionais	1,084	1,072	1,12%
EBITDA	34.040.054 u.m.	25.105.698 u.m.	35,59%
EBIT	15.428.542 u.m.	9.564.966 u.m.	61,30%

** Foi considerado a taxa efetiva de IRC, ou seja, 26,62% no não N e 17,04% no ano N-1

Comentários:

Entre os anos N-1 e N, a empresa *Seovox, S.A.* reforçou o seu nível de rendibilidade agregado, o qual teve um aumento de aproximadamente 51,8%. Este aumento tem na sua origem a melhoria da sua rendibilidade económica, fundamentalmente em resultado da diminuição dos seus custos de estrutura e da melhoria da eficiência do ativo económico, em linha com a evolução observada pelo indicador «Retorno do Capital Investido» (aumento de 32,26% entre os anos N-1 e N). Para além disso, apesar de se ter observado um aumento do financiamento em sede de capital alheiro (aproximadamente 11 milhões de u.m. no que concerne a financiamentos obtidos), existe uma redução do efeito dos encargos financeiros. Tal facto poderá resultar de processos de reestruturação de dívida, com eventuais taxas de juros mais vantajosas para a empresa. Sinaliza-se, contudo, o agravamento da carga fiscal no ano N, o que contribui negativamente para o nível agregado da rendibilidade dos capitais próprios.

Apesar de se verificar uma ligeira melhoria ao nível do ciclo de caixa, o mesmo atinge valores elevados, situação que deve ser valorizada no contexto do setor em que a empresa se insere. Os valores observados ao nível do ciclo de caixa resultam da imobilização de stocks (inventários), o que se poderá justificar no contexto da atividade efetivamente desenvolvida. Em todo o caso, sublinhe-se a inversão (nunca desejável), face ao que seria expectável, entre o prazo médio de recebimentos e o prazo médio de pagamentos. Esta situação reflete-se naturalmente nos níveis de liquidez e, consequentemente, na intensidade e na tipologia das fontes de financiamento a que a empresa recorre. Note-se que, entre os anos N-1 e N, todos os níveis de liquidez observaram uma variação negativa, em linha com a evolução do ciclo de caixa. A situação descrita parece consubstanciar problemas financeiros de natureza estrutural, o que deverá ser tomado em consideração na escolha da fonte de financiamento, em capital alheio, mais adequada, nomeadamente a opção por financiamentos com maturidades mais longas.

Finalmente, importa referir que a empresa *Seovox, S.A.* não apresenta problemas de sustentabilidade económica, a qual evidencia uma evolução positiva, mas sim desequilíbrios financeiros estruturais. Para além disso, o agravamento do efeito da tributação entre os anos em análise poderá estar associado à tipologia das atividades desenvolvidas ou à aplicação de políticas contabilísticas que divergem da sua base fiscal. Em todo o caso, todas as situações descritas têm de ser analisadas e ponderadas no contexto do setor de atividade em que a empresa se enquadra, bem como no contexto das políticas que a empresa adota em cada período económico.

Exercício 5.02

Considere as demonstrações financeiras da empresa *Ouro&Prata, S.A.*, com referência aos períodos findos em 31 de dezembro dos anos N e (N-1), a qual é maioritariamente uma empresa prestadora de serviços no setor da assistência técnica em equipamentos de precisão.

BALANÇO DA EMPRESA *OURO&PRATA, S.A.* u.m.

RUBRICAS	31.12.N	31.12.(N-1)
ACTIVO NÃO CORRENTE		
Ativos fixos tangíveis	256.009.328,45	253.873.748,34
Ativos intangíveis	95.502.329,71	95.747.666,08
Participações financeiras	1.473.179,62	1.545.560,98
	352.984.837,78	351.166.975,40
ACTIVO CORRENTE		
Inventários	7.709.088,11	7.358.159,58
Clientes	82.372.785,89	50.855.614,86
Outras contas a receber	40.406.204,06	33.547.969,76
Meios financeiros líquidos	20.680.683,91	34.818.560,99
	151.168.761,97	126.580.305,19
Total do Ativo	504.153.599,75	477.747.280,59
CAPITAL PRÓPRIO E PASSIVO		
CAPITAL PRÓPRIO		
Capital subscrito	95.542.254,00	88.500.000,00
Ações próprias	-205.804,04	0,00
Prémios de emissão	61.795.792,91	47.729.917,86
Reservas	36.494.418,42	19.646.945,26
Resultados transitados	-30.029.231,27	-28.197.942,09
Resultado líquido do período	19.614.143,49	115.533.085,00
Total do Capital Próprio	183.211.573,5	143.212.006,03
PASSIVO NÃO CORRENTE		
Financiamentos obtidos	169.285.077,18	167.241.464,29
Provisões	8.304.075,78	7.940.056,52
Outras contas a pagar	693.025,98	1.278.121,54
	178.282.178,94	176.459.642,35
PASSIVO CORRENTE		
Fornecedores	28.173.687,22	23.618.889,06
Estado e outros entes públicos	61.257.156,24	54.581.217,40
Acionistas	0,00	0,00
Financiamentos obtidos	51.787.865,67	77.145.679,40
Outras contas a pagar	1.441.138,17	2.729.846,35
	142.659.847,30	158.075.632,21
Total do Passivo	320.942.026,24	334.535.274,56
Total do Capital Próprio + Passivo	504.153.599,75	477.747.280,59

DEMONSTRAÇÃO DOS RESULTADOS DA EMPRESA *OURO&PRATA, S.A.* (u.m.)

RENDIMENTOS E GASTOS	N	N-1
Vendas e prestações de serviços	399.315.005,67	371.051.493,03
Custo das mercadorias vendidas	57.150.433,63	51.436.144,65
Fornecimentos e serviços externos	181.596.961,72	167.513.140,18
Gastos com o pessoal	102.819.076,05	94.595.983,03
Imparidades em dívidas a receber	720.046,38	-497.620,66
Provisões	364.019,26	60.814,69
Aumentos/reduções de justo valor	0,00	0,00
Outros rendimentos e ganhos	2.279.342,41	2.534.907,31
Outros gastos e perdas	1.934.442,09	1.508.860,09
Resultados antes de depreciações, gastos de financiamento e impostos	57.009.368,95	58.969.078,36
Gastos de depreciação e amortização	26.445.803,81	28.100.452,33
Imparidades em investimentos depreciáveis	0,00	0,00
Resultado operacional (antes de gastos de financiamento e impostos	30.563.565,14	30.868.626,03
Juros e rendimentos similares obtidos	463.654,17	698.983,93
Juros e gastos similares suportados	8.010.231,91	11.049.029,81
Resultado antes de impostos	23.016.987,40	20.518.580,15
Imposto sobre o rendimento do período	4.917.077,94	6.466.977,89
Resultado líquido do período	18.099.909,46	14.051.602,26

Pretende-se que, através do cálculo de indicadores de desempenho, elabore um comentário crítico e estruturado relativo à sustentabilidade económica e financeira da empresa *Ouro&Prata, S.A.*

Resolução:

Nota prévia: *os resultados apresentados resultam da utilização de folha de cálculo, pelo que os mesmos poderão divergir caso se resolva o exercício de forma manual, com eventual assunção prévia de arredondamentos intermédios.*

Indicador de desempenho (KPI)	N	N-1	Variação
Fundo de Maneio Líquido	8.508.914,67 u.m.	68.404.672,98 u.m.	-87,58%
Necessidades em Fundo de Maneio	39.616.096,43 u.m.	10.831.791,39 u.m.	265,74%
Tesouraria Líquida	-31.107.181,76 u.m.	57.672.881,59 u.m.	-153,94%
Ativo Económico	391.127.754,59 u.m.	360.453.205,81 u.m.	8,51%

Rendibilidade dos Capitais Próprios (Análise *Dupont*)

Indicador de desempenho (KPI)	N	N-1	Variação
Rendibilidade dos Capitais Próprios	9,88%	5,78%	70,99%
Rendibilidade Económica (Alavanca económica)	7,81%	8,56%	-8,75%
Rendibilidade Bruta das Vendas	85,688%	86,138%	-0,52%
Efeito dos Gastos de Estrutura (Fixos)	8,93%	9,66%	-7,51%
Rotação do Ativo Económico	1,02	1,03	-0,82%
Alavanca Financeira	160,77%	98,51%	63,20%
Efeito dos Encargos Financeiros	75,31%	66,47%	13,30%
Estrutura do Financiamento	2,13	1,48	44,05%
Efeito da Tributação	78,64%	68,48%	14,83%

Liquidez

Indicador de desempenho (KPI)	N	N-1	Variação
Liquidez Geral	1,06	0,80	32,33%
Liquidez Reduzida	1,01	0,75	33,33%
Liquidez Imediata	0,14	0,22	-34,19%

Estrutura Económico-Financeira

Indicador de desempenho (KPI)	N	N-1	Variação
Endividamento	0,64	0,70	-9,09%
Estrutura do endividamento	0,44	0,47	-5,93%
Solvabilidade	0,57	0,73	-21,48%
Autonomia Financeira	0,36	0,51	-28,62%

Atividade (ou funcionamento)

Indicador de desempenho (KPI)	N	N-1	Variação
Prazo Médio de Recebimentos[i)]	61	41	50,51%
Prazo Médio de Pagamentos[ii)]	35	32	9,39%
Rotação de Inventários[iii)]	49	52	-5,71%
Ciclo de Tesouraria (*ou de Caixa*)	75	61	23,91%

[I)] Foi considerado IVA à taxa de 23%.

[II)] IVA à taxa de 23%. Dada a natureza da atividade, optou-se por considerar também a rubrica de «*Fornecimentos e Serviços Externos*».

[III)] Considerou-se a rubrica «*Custo das Mercadorias Vendidas*» uma vez que a diferença entre esta e a rubrica «*Compras*» (CMV = Inv. Inicial + Compras – Inv. Final) não é significativa (no ano N, representa aproximadamente 0,6% do custo das mercadorias vendidas).

Outros Indicadores

Indicador de desempenho (KPI)	N	N-1	Variação
Retorno do Ativo	3,59%	2,94%	22,06%
Resultado Operacional após Impostos[IV]	6.529.239,87 u.m.	9.729.070,95 u.m.	-32,89%
Retorno do Capital Investido[IV)]	1,62%	2,00%	-19,06%
Taxa de Cobertura dos Gastos Operacionais	116,69%	119,32%	-2,20%
EBITDA	57.009.368,95 u.m.	58.969.078,36 u.m.	-3,32%
EBIT	30.563.565,14 u.m.	30.868.626,03 u.m.	-0,99%

[IV)] Foi considerado a taxa efetiva de IRC, ou seja, 21,36% no não N e 31,52% no ano N-1.

Comentários:

A empresa regista uma evolução positiva muito significativa na sua rendibilidade dos capitais próprios (correspondente a um aumento de aproximadamente 71%), cuja origem é fundamentalmente o efeito de alavanca financeira e a evolução positiva no efeito fiscal (resultado de eventuais benefícios fiscais ou ativação de eventuais ativos por impostos diferidos). Não se verificando uma variação relevante ao nível da rendibilidade económica (associada à política de *princing* por parte da empresa e ao custo dos fatores de produção diretos e indiretos), a empresa reduziu, tanto do ponto de vista absoluto como relativo, o efeito dos encargos financeiros (juros suportados).

Relativamente aos indicadores de funcionamento, há a destacar o agravamento do prazo médio de recebimentos, o que se traduz numa deterioração da liquidez imediata (redução de 34,19%). A evolução positiva nos restantes níveis de liquidez deve ser prudentemente analisada no contexto, pois resulta fundamentalmente do aumento das dívidas a receber de clientes entre os períodos em análise. Sublinha-se a importância de a gestão realizar desenvolvimentos adicionais no sentido de compreender a natureza desta evolução, a qual pode ter uma natureza estrutural (interna), conjuntural (externa) ou eventualmente mista.

Globalmente, poder-se-á afirmar que a empresa *Ouro&Prata, S.A.* não apresenta debilidades relevantes e estruturais, seja ao nível da sua sustentabilidade económica seja ao nível da sua sustentabilidade financeira. Existem, contudo, aspetos que carecem de monitorização e acompanhamento subsequente, no sentido de se identificar a sua origem. Referimo-nos essencialmente à eventual necessidade de se compreender a sua natureza interna e continuada, o que poderá indiciar a necessidade premente de a empresa ajustar a sua política comercial e de crédito.

Exercício 5.03

Tome como base as demonstrações financeiras do grupo empresarial *Horizonte 2100, S.A.*, apresentadas de seguida. Pretende-se que, através do cálculo de indicadores de desempenho adequados, sinalize os aspetos que entenda por pertinentes relativos à sustentabilidade económica e financeira do referido grupo empresarial, nomeadamente nos seguintes pilares estruturantes:

- Rendibilidade;
- Liquidez;
- Estrutura económico-financeira;
- Atividade (funcionamento).

RUBRICAS	31.12.N	31.12.N-1
ACTIVO NÃO CORRENTE		
Goodwill	113 453 854	113 453 854
Intangível	287 379 794	287 542 503
Tangível	107 720 461	94 064 309
Outros investimentos financeiros	106 595	87 363
Dívidas comerciais de longo prazo a receber	1 654 823	1 789 072
Outros ativos não correntes	372 050	92 500
Ativos por impostos diferidos	1 125 092	2 191 874
Total Ativo Não Corrente	511 812 669	499 221 475
ACTIVO CORRENTE		
Inventários	36 602 311	40 339 768
Dívidas comerciais de curto prazo a receber	63 171 056	57 223 190
Ativos por impostos correntes	2 215 726	3 357 726
Outros ativos correntes	6 022 918	7 414 985
Caixa e depósitos bancários	26 391 254	16 991 761
Total Ativo Corrente	134 403 264	125 327 430
Total do Ativo	646 216 234	624 548 905

RUBRICAS	31.12.N	31.12.N-1
CAPITAL PRÓPRIO E PASSIVO		
CAPITAL PRÓPRIO		
Capital	60 499 364	60 499 364
Ações próprias (Valor nominal)	-168	-168
Ações próprias (Descontos e prémios)	-64	-64
Excedentes de revalorização	12 316 863	12 316 863
Reservas legais	1 566 533	1 566 533
Reserva cambial	-704 192	-872 403
Outras reservas	-9 744 005	-5 012 448
Alterações nos interesses	34 020 359	34 020 359
Resultados retidos	10 500 288	2 775 858
Resultado líquido do período	9 238 837	10 459 690
interesses não controlados	77 226 798	63 391 577
Total do Capital Próprio	194 920 613	179 145 161
PASSIVO NÃO CORRENTE		
Empréstimos de longo prazo	183 160 697	189 508 710
Dívidas comerciais de longo prazo a pagar	573 649	3 862 935
Passivos por impostos diferidos	5 364 707	3 900 476
Provisões	70 445 422	64 523 408
Passivo Não Corrente	259 544 475	261 795 529
PASSIVO CORRENTE		
Empréstimos de curto prazo	33 184 431	33 741 793
Dívidas comerciais de curto prazo a pagar	69 900 597	79 667 597
Passivos por impostos correntes	5 484 813	4 977 299
Outras contas de curto prazo a pagar	21 515 503	19 431 940
Outros passivos financeiros	26 093 004	22 912 420
Equivalentes a caixa (Descobertos bancários)	35 572 798	22 877 166
Passivo Corrente	191 750 846	183 608 215
Total do Passivo	451 295 321	445 403 744
Total do Capital Próprio + Passivo	646 216 234	624 548 905

DEMONSTRAÇÃO CONSOLIDADA DOS RESULTADOS DO GRUPO EMPRESARIAL *HORIZONTE 2100, S.A.* PARA OS PERÍODOS N e N-1

RENDIMENTOS E GASTOS	N	N-1
Rédito	356 131 220	355 799 831
Outros Rendimentos	13 305 273	15 103 842
Gasto das vendas	-151 156 751	-147 977 427
Gastos com o pessoal	-42 751 596	-42 138 836

RENDIMENTOS E GASTOS	N	N-1
Fornecimentos e serviços externos	-110 436 942	-107 565 719
Provisões e perdas por imparidade	-2 029 129	-3 263 148
Outros gastos e perdas operacionais	-14 792 635	-17 842 836
Resultados antes de depreciações, gastos de financiamento e impostos	48 269 440	52 115 707
Amortizações, depreciações e imparidades	-17 204 837	-16 117 105
Resultado operacional (antes de gastos de financiamento e impostos)	31 064 603	35 998 602
Juros e gastos similares suportados	-15 275 209	-20 010 612
Juros e rendimentos similares obtidos	0	0
Resultado antes de impostos	15 789 394	15 987 990
Imposto sobre o rendimento do período	-6 550 557	-5 528 301
Resultado líquido do período	9 238 837	10 459 690

Resolução:

Nota prévia: *os resultados apresentados resultam da utilização de folha de cálculo, pelo que os mesmos poderão divergir caso se resolva o exercício de forma manual, com eventual assunção prévia de arredondamentos intermédios.*

Indicador de desempenho (KPI)	N	N-1	Variação
Fundo de Maneio Líquido	-57.347.581 u.m.	-58.280.785 u.m.	-1,60%
Necessidades em Fundo de Maneio	11.111.398 u.m.	4.258.833 u.m.	160,90%
Tesouraria Líquida	-68.458.979 u.m.	-62.539.618 u.m.	9,46%
Ativo Económico	522.817.472 u.m.	503.392.945 u.m.	3,86%

Rendibilidade dos Capitais Próprios (Análise *Dupont*)

Indicador de desempenho (KPI)	N	N-1	Variação
Rendibilidade dos Capitais Próprios	4,74%	5,84%	-18,82%
Rendibilidade Económica (Alavanca económica)	5,94%	7,15%	-16,91%
Rendibilidade Bruta das Vendas	57,556%	58,410%	-1,46%
Efeito dos Gastos de Estrutura (Fixos)	15,16%	17,32%	-12,51%
Rotação do Ativo Económico	0,68	0,71	-3,63%
Alavanca Financeira	136,33%	124,80%	9,24%
Efeito dos Encargos Financeiros	50,83%	44,41%	14,44%
Estrutura do Financiamento	2,68	2,81	-4,55%
Efeito da Tributação	58,51%	65,42%	-10,56%

Liquidez

Indicador de desempenho (KPI)	N	N-1	Variação
Liquidez Geral	0,70	0,68	2,69%
Liquidez Reduzida	0,51	0,46	10,19%
Liquidez Imediata	0,14	0,09	48,72%

Estrutura Económico-Financeira

Indicador de desempenho (KPI)	N	N-1	Variação
Endividamento	0,70	0,71	-2,07%
Estrutura do endividamento	0,42	0,41	3,07%
Solvabilidade	0,43	0,40	7,39%
Autonomia Financeira	0,30	0,29	5,16%

Atividade (ou funcionamento)

Indicador de desempenho (KPI)	N	N-1	Variação
Prazo Médio de Recebimentos*	53	48	10,29%
Prazo Médio de Pagamentos*	137	160	-14,11%
Rotação de Inventários	88	100	-11,17%
Ciclo de Tesouraria *(ou de Caixa)*	4	13	-130,28%

* Foi considerado IVA à taxa de 23%.

Comentários:

O grupo empresarial *Horizonte 2100, S.A.* evidencia um ciclo de caixa equilibrado em todas as suas componentes e com evolução global positiva. Ainda que exista uma ligeira deterioração do prazo médio de recebimentos, a mesma não é valorizável. Tal situação tem impacto direto nos níveis de liquidez, os quais se apresentam estáveis, ainda que em níveis considerados baixos. Esta realidade deve ser analisada nos contextos do setor de atividade e conjuntural em que a empresa opera.

A rendibilidade dos capitais próprias é positiva, embora os valores devam ser igualmente analisados no contexto do setor em que o grupo empresarial opera. A redução verificada no nível de rendibilidade agregado tem a sua origem fundamentalmente no aumento do efeito dos custos de estrutura (a ponderar no âmbito de eventuais estratégias de *outsourcing*) e no agravamento do efeito da tributação, o qual se situa em ambos os anos em análise em valores bastante significativos.

Ainda que a principal fonte de financiamento do grupo seja o capital alheio, os indicadores que se inserem neste pilar, apresentam uma relativa estabilidade temporal. De sublinhar que a evolução dos encargos financeiros contribui positivamente para o efeito de alavanca financeira, impactando positivamente na rendibilidade dos capitais próprios.

Globalmente, o grupo empresarial *Horizonte 2100, S.A.*, não evidencia debilidades que coloquem em causa a sua sustentabilidade económica e financeira. A evolução dos indicadores de funcionamento (prazos médios, rotação de inventários, níveis de liquidez) estarão certamente associados a decisões de gestão corrente.

Exercício 5.04

A empresa *BBB, S.A.* dedica-se a serviços de consultoria técnica na área das novas tecnologias. Do relato financeiro integrado dos períodos N-4 a N, foi possível obter o extrato das suas demonstrações de fluxos de caixa (preparadas pelo método direto), cujo resumo se apresenta de seguida (valores expressos em u.m.).

RUBRICAS	NOTAS	PERÍODOS				
		N	N-1	N-2	N-3	N-4
Fluxos de caixa das atividades operacionais – método direto						
Recebimentos de clientes		523.000	636.900	342.000	486.700	634.900
Pagamentos a fornecedores		(245.000)	(186.400)	(143.500)	(174.300)	(289.300)
Pagamentos ao pessoal		(176.000)	(234.500)	(202.000)	(215.000)	(242.000)
Caixa gerada pelas operações		102.000	216.000	(3.500)	97.400	103.600
Pagamento/recebimento do imposto sobre o rendimento		(34.000)	0	(17.300)	(23.000)	(24.800)
Outros recebimentos/pagamentos		45.000	5.000	(19.300)	7.800	(10.700)
Fluxos de caixa das atividades operacionais		113.000	221.000	(40.100)	82.200	68.100

Foi ainda possível compilar as seguintes informações:

- A taxa de capitalização/desconto a considerar ao longo do período é de 3,75%;
- Outras informações contabilísticas e financeiras:

Descrição	N	N-1	N-2	N-3	N-4
R. Operacional (u.m.)	214.600	432.800	(76.000)	197.000	267.400
Ativo Económico (u.m.)	493.500	822.320	519.000	634.000	573.000
Custo Médio Ponderado do Capital (%)	9,5%	8,4%	7,3%	9,7%	10,6%
Imposto sobre o Rendimento (u.m.)	10.200	34.000	6.800	0	17.300

Sabendo que a entidade procura indicadores baseados no valor para integrar no seu sistema de controlo de gestão, pede-se que calcule os seguintes indicadores para os anos N-4 a N: *Economic Value Added* (EVA), Margem de Contribuição Residual (MCR); e Valor Económico Criado (VEC).

Resolução:

O indicador EVA é dado pela expressão *Resultado Operacional – k% x Ativo Económico – Imposto sobre o rendimento*, em que k% traduz o custo médio ponderado do capital. A margem de contribuição residual difere deste indicador por não incorporar o efeito fiscal.

Indicador	N	N-1	N-2	N-3	N-4
EVA (u.m.)	157.517,50	329.725,12	-120.687,00	135.502,00	189.362,00
MCR (u.m.)	167.717,50	363.725,12	-113.887,00	135.502,00	206.662,00

O valor criado ao longo dos cinco períodos poderá ser obtido pela capitalização dos indicadores EVA, utilizando a taxa de 3,75%. Assim, poderemos afirmar que entre o ano N-4 e o ano N, a empresa *BBB, S.A.* criou valor no montante de 740.428,20 u.m..

$EVA_{[(N-4)-N]} = 157.517,50 \times (1+0,0375)^0 + 329.725,12 \times (1+0,0375)^1 - 120.687,00 \times (1+0,0375)^2 + 135.502,00 \times (1+0,0375)^3 + 189.362,00 \times (1+0,0375)^4$; $EVA_{[(N-4)-N]} = 740.428,20$ u.m..

O valor económico criado ao longo dos últimos cinco anos resulta da capitalização dos fluxos de caixa operacionais gerados em cada ano. Assim, de forma similar ao procedimento seguido para o cálculo do EVA, o valor económico criado no período em referência foi de 469.826,32 u.m..

$VEC_{[(N-4)-N]} = 113.000,00 \times (1+0,0375)^0 + 221.000,00 \times (1+0,0375)^1 - 40.100,00 \times (1+0,0375)^2 + 82.200,00 \times (1+0,0375)^3 + 68.100,00 \times (1+0,0375)^4$; $VEC_{[(N-4)-N]} = 469.826,32$ u.m..

Como se pode inferir pela análise dos dois indicadores, o valor criado com base nos fluxos monetários é inferior ao valor criado com base nos fluxos reais.

Exercício 5.05

Tome como base as demonstrações financeiras da companhia aérea *FlyWay, S.A.*, apresentadas de seguida. Pretende-se que, através do cálculo de indicadores que considere adequados, sinalize os aspetos que considera mais relevantes no que respeita aos seguintes pilares estruturantes: Rendibilidade; Liquidez; Estrutura económico-financeira; Atividade (funcionamento).

RUBRICAS	31.12.N	31.12.N-1
ACTIVO NÃO CORRENTE		
Goodwill		
Ativos intangíveis	25 376 777	11 245 385
Ativos fixos tangíveis	3 026 500 878	521 208 659
Propriedades de investimento	2 148 564	1 925 764
Investimentos financeiros	116 688 586	60 481 040
Ativos por impostos diferidos	110 977 269	91 040 705
Outros ativos correntes	16 269 240	1 136 878
Total Ativo Não Corrente	3 297 961 314	687 038 431
ACTIVO CORRENTE		
Inventários	100 329 977	63 944 563
Clientes	1 288 115 891	1 154 621 266

RUBRICAS	31.12.N	31.12.N-1
Estado e Outros Entes Públicos	539 123	8 329 644
Outros ativos correntes	39 564 261	65 327 416
Caxa e equivalentes de caixa	426 290 329	223 714 593
Total Ativo Corrente	1 854 839 581	1 515 937 482
Total do Ativo	5 152 800 895	2 202 975 913
CAPITAL PRÓPRIO E PASSIVO		
CAPITAL PRÓPRIO		
Capital social	195 853 400	195 853 400
Reserva legal	8 300 000	8 300 000
Reservas	16 216 611	-29 332 871
Resultados transitados	9 804 345	-11 956 732
Resultado líquido do período	-95 637 433	-58 065 358
Total do Capital Próprio	134 536 923	104 798 439
PASSIVO NÃO CORRENTE		
Financiamentos obtidos	3 048 948 578	595 293 034
Dívidas a pagar	96 356 353	135 953 962
Provisões	77 784 854	12 214 655
Passivos por impostos diferidos	59 837 627	18 760 179
Passivo Não Corrente	3 282 927 412	762 221 830
PASSIVO CORRENTE		
Financiamentos obtidos	588 025 152	180 646 796
Fornecedores	571 718 616	667 492 728
Outras dívidas a terceiros	480 762 477	393 465 712
Outros passivos correntes	94 830 315	94 350 408
Passivo Corrente	1 735 336 560	1 335 955 644
Total do Passivo	5 018 263 972	2 098 177 474
Total do Capital Próprio + Passivo	5 152 800 895	2 202 975 913

RENDIMENTOS E GASTOS	31.12.N	31.12.N-1
Vendas		
Prestações de serviços	3 262 687 103	3 145 294 563
Outros rendimentos operacionais	36 066 423	31 938 835
Variação na produção		
Custo das vendas	-931 004 131	-964 658 926
Fornecimentos e serviços externos	-1 016 639 227	-1 368 002 374
Gastos com o pessoal	-678 635 700	-607 776 723

RENDIMENTOS E GASTOS	31.12.N	31.12.N-1
Provisões	-5 484 195	-44 790 980
Perdas por imparidade	4 649	-7 001 719
Outros gastos operacionais	-144 068 232	-141 185 691
Resultados antes de depreciações, gastos de financiamento e impostos	522 926 690	43 816 985
Amortizações, depreciações e imparidades	-475 745 165	-70 706 112
Resultado operacional (antes de gastos de financiamento e impostos)	47 181 525	-26 889 127
Gastos e perdas financeiros	-206 714 979	-92 296 204
Rendimentos e ganhos financeiros	33 820 521	36 911 444
Resultado antes de impostos	-125 712 933	-82 273 887
Imposto sobre o rendimento do período	30 075 500	24 208 529
Resultado líquido do período	-95 637 433	-58 065 358

Resolução:

Nota prévia: *os resultados apresentados resultam da utilização de folha de cálculo, pelo que os mesmos poderão divergir caso se resolva o exercício de forma manual, com eventual assunção prévia de arredondamentos intermédios.*

Indicador de desempenho (KPI)	N	N-1	Variação
Fundo de Maneio Líquido	119.505.021 u.m.	179.981.838 u.m.	-33,60%
Necessidades em Fundo de Maneio	281.237.844 u.m.	136.914.041 u.m.	105,41%
Tesouraria Líquida	-161.734.823 u.m.	43.067.797 u.m.	-475,54%
Ativo Económico	3.460.362.008 u.m.	761.545.668 u.m.	354,39%

Rendibilidade dos Capitais Próprios (Análise *Dupont*)

Indicador de desempenho (KPI)	N	N-1	Variação
Rendibilidade dos Capitais Próprios	-71,09%	-55,41%	28,30%
Rendibilidade Económica (Alavanca económica)	1,36%	-3,53%	-138,62%
Rendibilidade Bruta das Vendas	71,47%	69,33%	3,08%
Efeito dos Gastos de Estrutura (Fixos)	2,02%	-1,23%	-264,10%
Rotação do Ativo Económico	0,94	4,13	-77,17%
Alavanca Financeira	-6.853%	2.223,45%	-408,22%
Efeito dos Encargos Financeiros	-266,45%	305,97%	-187,08%
Estrutura do Financiamento	25,72	7,27	253,95%
Efeito da Tributação	76,08%	70,58%	7,79%

Liquidez

Indicador de desempenho (KPI)	N	N-1	Variação
Liquidez Geral	1,07	1,13	-5,80%
Liquidez Reduzida	1,01	1,09	-6,98%
Liquidez Imediata	0,25	0,17	46,70%

Estrutura Económico-Financeira

Indicador de desempenho (KPI)	N	N-1	Variação
Endividamento	0,97	0,95	2,25%
Estrutura do endividamento	0,35	0,64	-45,69%
Solvabilidade	0,03	0,05	-46,32%
Autonomia Financeira	0,03	0,05	-45,12%

Atividade (ou funcionamento)

Indicador de desempenho (KPI)	N	N-1	Variação
Prazo Médio de Recebimentos*	117	109	7,55%
Prazo Médio de Pagamentos*	87	85	2,58%
Rotação de Inventários	39	24	22,57%
Ciclo de Tesouraria *(ou de Caixa)*	69	48	43,90%

* Foi considerado IVA à taxa de 23%

Comentários:

A empresa *FlyWay, S.A.* encontra-se estruturalmente desequilibrada, enquadrada num cenário que, extensivamente, poderá ser classificado como de *«falência técnica»*. Tal classificação assenta nos seguintes aspetos estruturantes:

- Aumento muito significativo do ativo económico (aproximadamente 350%), o qual não tem efeito relevante na rotação do mesmo nem nos correspondentes níveis de retorno do ativo global (-1,86% no ano N e -2,64% no ano N-1).
- Rendibilidade económica em níveis muito residuais, embora com evolução positiva entre os dois anos em análise. Sendo uma empresa prestadora de serviços, sublinhe-se que o indicador

associado à rendibilidade das vendas não tem qualquer significado uma vez que o mesmo não integra a totalidade das rubricas contabilísticas associadas à prestação do serviço, em particular os gastos com o pessoal. Nesse sentido, o efeito de alavanca económica deve ser considerado de forma agregada, sem prejuízo de se poder sinalizar a fraca rotação do ativo económico;

- O efeito de alavanca financeira atingiu no ano N um nível severo, correspondente a um valor negativo de 6.853,12% (evolução negativa entre os anos N-1 e N em aproximadamente 408%). Recorde-se que a polaridade deste indicador é positiva, ou seja, quanto maior for o valor do indicador, menor o grau de dependência relativa aos encargos associados ao endividamento. Salienta-se ainda o severo nível de endividamento em sede de capital alheio (passivo), o que se traduz no nível e na evolução do indicador *«Estrutura do financiamento»* (aumento superior a 250%), em complementaridade com os residuais níveis de *«Solvabilidade»* e de *«Autonomia Financeira»*;
- Pela análise das demonstrações financeiras, sinalizam-se os resultados líquidos negativos do período. Esta evolução poderá conduzir a que, num horizonte relativamente curto, a empresa venha a estar enquadrada no artigo 35º do Código das Sociedades Comerciais (CSC), situação em que se verifica uma perda superior a 50% do capital social.
- O efeito fiscal deve ser analisado no contexto pois, em resultado dos resultados negativos (prejuízos do período), foram gerados ativos por impostos diferidos o que se traduz, no caso concreto, na dedução dos referidos prejuízos em períodos económicos futuros. Contudo, chamamos a atenção que o reconhecimento de ativos por impostos diferidos está dependente da existência no futuro de rendimentos ou valores tributáveis que os possam compensar.

Genericamente, poder-se-á afirmar que a sustentabilidade económica e financeira da companhia aérea *FlyWay, S.A.* se encontra severamente comprometida, situação evidenciada pelos efeitos de alavanca económica e financeira. Os valores apresentados ao nível da rendibilidade económica apresentam vulnerabilidades, difíceis de ultrapassar face a constrangimentos emergentes no setor (*v.g.* efeitos da pandemia COVID-19, entrada de novos concorrentes nos destinos e nas rotas operadas pela companhia aérea, entre outros).

Capítulo 6
Gestão e Controlo Orçamental

As organizações, na dinâmica do seu normal ciclo de gestão, necessitam de planear as suas atividades, ainda que a incerteza seja uma constante nesse processo. É neste contexto que, concretizando as suas estratégias deliberadas ou emergentes, projetam os principais indicadores de gestão, numa lógica de mitigação do risco originado pela imprevisibilidade. A montante, a gestão orçamental é a forma mais visível e imediata de projetar financeiramente as atividades futuras. O controlo orçamental poderá constituir a ferramenta mais elementar de avaliar o desempenho financeiro, numa lógica de comparação com a realidade efetivamente alcançada.

6.1. A GESTÃO ORÇAMENTAL

A necessidade de elaborar orçamentos resulta do dinamismo que caracteriza as economias em geral, e as organizações e o seu sistema de valor em particular. É influenciado pela incerteza que caracteriza o espetro micro e macroeconómico, bem como pela complexidade e dispersão das atividades que as organizações desenvolvem. Assim, os orçamentos representam a forma mais comum de apresentar as previsões. A previsibilidade é um aspeto ligado à incerteza, pois existem mercados mais estáveis do que outros e por isso mais previsíveis pelo que, quanto maior for a incerteza associada a um certo ambiente dinâmico, mais difícil se torna efetuar quaisquer previsões. Como a previsibilidade se afigura por vezes controlável, o aumento da fiabilidade e das possibilidades de previsão dependem de recursos disponíveis, como a contabilidade financeira, os recursos tecnológicos, as estratégias adotadas, entre outros aspetos indispensáveis ao exercício de previsão.

O termo *Orçamento Anual* abrange todo o conjunto de programas e orçamentos, elaborados para enquadrar as atividades de uma determinada organização em determinado período económico, definindo as operações a realizar, os recursos a utilizar, os gastos/custos, os rendimentos e resultados previstos, bem como os fluxos reais e monetários a realizar, culminando na sua agregação nas demonstrações financeiras que compõem o relato empresarial previsional (balanço ou demonstração previsional da posição financeira; demonstração previsional dos resultados; demonstração previsional do rendimento integral; demonstração previsional do outro rendimento integral; demonstração previsional dos fluxos de caixa). O termo *Programa* é usualmente utilizado na gestão orçamental para designar o mapa ou o conjunto de mapas que fixam exclusivamente em quantidades e prazos as atividades a desenvolver (*v.g.* Programa de Vendas; Programa de Compras; Programa de *Stocks* (Inventários); Programa de Mão de Obra; Programa das Secções ou das Atividades, etc.). São exemplos de orçamentos (tradução monetária dos programas): 1. Orçamento de Vendas; 2. Orçamento de Compras; 3. Orçamento de Inventários; 4. Orçamento de Mão de Obra; 5. Orçamento das Secções ou Atividades; 6. Orçamento de Investimentos e Desinvestimentos; Etc.. Neste âmbito, e para melhor perceção da integração entre os diversos programas e orçamentos que compõem o orçamento anual, apresentamos a Figura 6.1, com especial

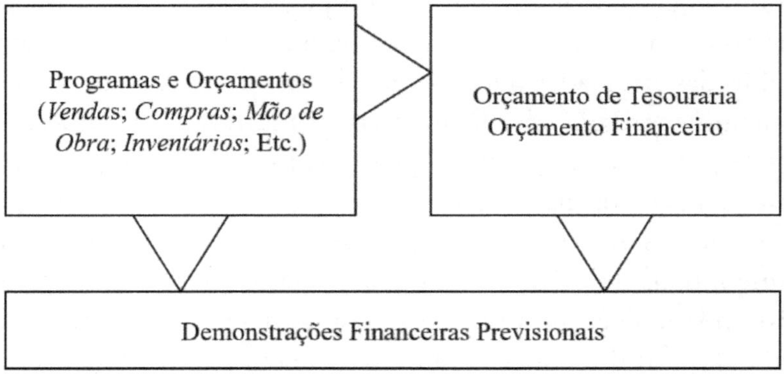

Figura 6.1 – Visão integrada de programas e orçamentos

sinalização do orçamento de tesouraria, do orçamento financeiro, e das demonstrações financeiras previsionais.

Decorrente de toda a diversidade de informação de natureza previsional, devem ser igualmente apresentados os indicadores de desempenho (KPI), obtidos em base previsional. Neste contexto, importa distinguir os orçamentos quanto ao seu grau de flexibilidade.

- **Orçamento Rígido** —é definido somente para determinado volume ou nível e atividade. Regra geral, as organizações que laboram em ambientes mais estáveis, é esta a opção que tomam no seu processo periódico (regra geral anual) de gestão orçamental;
- **Orçamento Flexível** — é definido geralmente para diversos níveis de atividade, em linha com uma gestão previsional por cenários (*v.g.* Cenário Otimista; Cenário Normal; Cenário Pessimista).

À implementação do processo de orçamentação estão normalmente associadas três funções distintas: 1. O planeamento e a fixação de objetivos, de base quantificada e de impacto financeiro; 2. A avaliação e o controlo do desempenho organizacional; 3. A utilização do orçamento periódico como instrumento de comunicação organizacional, motivação dos órgãos de governo societário e dos responsáveis descentralizados. O próprio orçamento anual, situado num patamar funcional acima da sua visão mecanicista enquanto processo, constitui um modelo de planeamento financeiro, podendo, com recurso às tecnologias de informação e comunicação, conhecerem-se de imediato os resultados e as implicações de diversas soluções alternativas. A flexibilidade do orçamento, permite que os controladores de gestão possam ter uma visão mais dinâmica, de natureza antecipatória e tempestiva mais credível.

O orçamento anual de qualquer organização, com as devidas adaptações decorrentes da natureza da sua atividade, da complexidade das suas operações, bem como da sua estrutura organizacional, deve proporcionar uma visão integrada através da identificação das ligações numa lógica de relação de causa-efeito, por forma a que se compreendam os impactos decorrentes da evolução das diversas variáveis que o integram e que o influenciam. Assim, o ponto de partida para a elaboração do orçamento periódico deve ser a construção de um programa de vendas, prestações de serviços, projetos, ou outras tipologias de objeto de custeio. Ainda que seja desejável que este ponto de partida tenha por base um diagnóstico interno e externo da organização, existem aspetos de natureza externa e interna que devem ser sempre tomados em consideração:

- **Externos** – Evolução previsível do comportamento das economias e dos mercados em que a organização opera ou pretende vir a operar, e a sua relação com o consumo de produtos e/ou serviços da organização; Evolução previsível dos setores em que se insere e dos mercados de oferta e procura dos seus produtos e/ou serviços, comportamento da concorrência, o que normalmente tem subjacente a elaboração de estudos de mercado; Evolução de variáveis macroeconómicos como por exemplo a evolução previsível das taxas de juro das fontes de financiamento; Outros fatores.
- **Internos** — Evolução do volume de negócios no passado recente; Capacidade de produção; Força de vendas existente; Canais de distribuição disponíveis e sua importância relativa do ponto de vista histórico; Rendibilidade da carteira de produtos e/ou serviços; Constrangimentos financeiros; Apetência dos órgãos de governo societário para o risco; Políticas internas; Outros fatores.

A necessidade de ajustar o orçamento ao longo do seu horizonte temporal não deve ser confundida com a natureza flexível do orçamento, cujo conceito já fora anteriormente identificado e caracterizado. É expectável, e até desejável, que ao longo daquele período as organizações efetuem revisões periódica dos seus orçamentos (Figura 6.2), reajustando as rubricas orçamentais com os decorrentes impactos na análise dos desvios abordados no ponto seguinte deste capítulo. A frequência com que tais ajustamentos deverão ocorrer dependem, uma vez mais, da natureza da atividade, complexidade das operações, e da instabilidade e incerteza que caracteriza os mercados em que a organização opera. Apelamos, contudo, ao facto de este procedimento se dever pautar por pressupostos de utilidade de gestão e não por meros princípios de natureza mecanicista. É nossa convicção que a implementação de uma política interna de reajustamento periódico do orçamento, constitui um mecanismo de controlo de gestão que permite a obtenção de indicadores mais ajustados à realidade corrente da organização, para além de melhorar a fiabilidade da informação, incluindo a sua tempestividade.

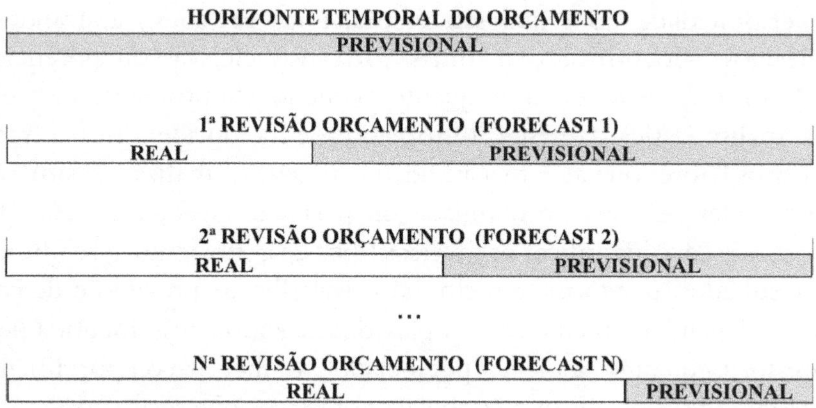

Figura 6.2 – Ajustamentos orçamentais periódicos

Tal como ilustrado na figura anterior, a última revisão periódica do orçamento já deve proporcionar uma visão bastante fiel e ajustada à realidade das operações e ao seu impacto nas demonstrações financeiras. Tal como desenvolvido no ponto seguinte, os ajustamentos efetuados no orçamento anual deverão ter consequências diretas na base de apuramento dos desvios, ainda que se possa sempre manter, cumulativamente, o apuramento dos desvios em relação ao orçamento inicial. Não vemos nesse procedimento qualquer redundância de análise, mas sim uma complementaridade, garantindo-se a manutenção do histórico e todo o processo de gestão e controlo orçamental.

6.2. CONTROLO ORÇAMENTAL E ANÁLISE DE DESVIOS

O controlo orçamental é um dos pilares mais elementares do controlo de gestão pois traduz-se, em termos práticos, no cálculo e análise dos desvios das diversas rubricas orçamentadas. Este processo de gestão corrente envolve os controladores de gestão na atividade de cálculo desses desvios, na procura de causas para a sua evolução junto dos responsáveis descentralizados, e na compilação de informação para efeitos de monitorização, avaliação e tomada de decisão. Trata-se de comparar as realizações (dados reais) com o orçamento anual (independentemente da periodicidade com que são efetuadas as revisões), apurando-se os desvios e identificado medidas corretivas efetivas ou potenciais.

O controlo orçamental, enquanto elemento de prognóstico, traduz uma análise crítica da gestão histórica, procurando identificar e reconhecer os fatores que afetam a atividade do gestor, sinalizando situações caraterizadas pela sua normalidade ou pela sua excecionalidade. Para além disso, deve identificar os diversos tipos de gastos/custos, rendimentos, resultados, por forma a melhorar o trabalho de previsão e de controlo, independentemente da complexidade e sofisticação incutida nesse processo. Enquanto elemento potenciador de incutir comportamentos na gestão, obriga o gestor a estabelecer objetivos que sejam atingíveis e a escolher planos de ação que se mostrem exequíveis. Tal facto envolve diagnósticos mais profundos sobre o ambiente externo da organização (oportunidades e ameaças), e sobre o ambiente interno (pontos fortes e pontos fracos), ou seja, conhecer em profundidade o meio envolvente da organização, a importância que o segmento (divisão, departamento, atividade, etc.) tem na otimização da margem resultante da cadeia de valor organizacional. Paralelamente, o controlo orçamental obriga o gestor a um acompanhamento da sua atividade corrente, comparando permanente ou periodicamente as suas realizações com as previsões inicialmente efetuadas (ou ajustadas). Tal acompanhamento permitirá diagnosticar em que medida as previsões foram sobreavaliadas (por vezes utilizando «almofadas» orçamentais), subavaliadas, ou em que medida as realizações ficaram aquém (além) das expectativas e qual a razão para tal desfasamento. Importa ainda referir que obriga o gestor a conceber medidas corretivas, nomeadamente a recorrer a planos de contingência (provenientes, ou não, de estratégias emergentes) com a adoção de novas ideias, novos métodos e recursos alternativos.

Em termos ilustrativos, o processo de controlo orçamental pode ser ilustrado pela Figura 6.3, a qual procura identificar a génese do controlo orçamental, mas também os seus pilares estruturantes.

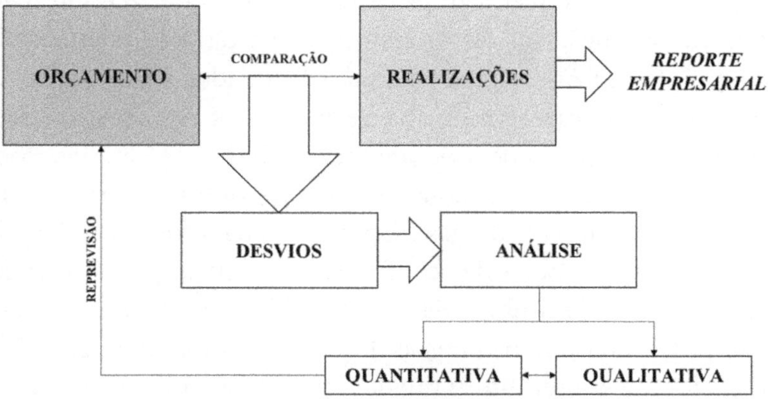

Figura 6.3 – Processo e características do controlo orçamental

A análise dos desvios integra uma dimensão quantitativa e uma dimensão qualitativa. No âmbito da dimensão quantitativa devem ser analisados os desvios, desagregando os seus efeitos (volume, preço, taxa, eficiência, etc.) e enquadrando-os no âmbito da gestão por exceção (identificação de intervalos de referência para efeitos e posicionamento do KPI). A dimensão qualitativa engloba a identificação de causas para os desvios, sejam elas internas ou externas à organização, sejam elas alheias, ou não, à ação do gestor responsável pelo indicador. Enquanto elemento de prognóstico empresarial, o cálculo e análise dos desvios deverá permitir a introdução de ajustamentos ao orçamento inicialmente elaborado e aprovado (Figura 6.2), com os consequentes impactos na elaboração do orçamento do período económico subsequente. Como ilustrado pela figura acima, o processo de gestão e controlo orçamental é um processo dinâmico que envolve, numa base periódica a identificação de flutuações face ao anteriormente previsto, mas que deve ter como objetivo e horizonte temporal o planeamento do ciclo de gestão subsequente.

As causas dos desvios, tal como já indicado, podem ser de origem externa ou interna, ou mesmo mista. As causas de origem externa, cuja génese está normalmente centralizada no ambiente geral (macroeconómico) ou no ambiente específico (setor de atividade em que a organização se insere), requerem da organização um diagnóstico do seu posicionamento, pois pode envolver a implementação de estratégias alternativas ou então a redefinição do direcionamento das estratégias atuais. Caso os desvios tenham uma origem interna, há que identificar os processos e/ou atividades que carecem de análise e quais os recursos que requerem intervenção, seja em decisões de reengenharia, seja em decisões de melhoria e otimização. Se as causas dos desvios forem de natureza endógena e da responsabilidade do gestor, para além da informação ter efeitos ao nível da monitorização da atividade, e do seu impacto financeiro, deve ser analisada no âmbito da avaliação do desempenho do gestor enquanto pivot relevante na criação de valor organizacional.

Os desvios devem ser internamente reportados em mapas que sejam facilmente compreensíveis pela gestão e que permitam uma análise imediata do posicionamento da organização no seu todo ou do segmento em particular. Nesse sentido, a informação a divulgar (independentemente do meio usado para o efeito), deve atender aos seguintes princípios norteadores:

- O sistema de informação e controlo da empresa deve ser integrado, permitindo a agregação e desagregação da informação. Os diversos níveis hierárquicos requerem informação com níveis de agregação distinta, pelo que o sistema de controlo de gestão deve estar alinhado com a estrutura orgânica;
- A informação deve ser processada de forma a poder ser transmitida aos reais e efetivos utilizadores, nomeadamente ao *owner* do indicador de desempenho. Para além de ser sua responsabilidade a justificação da evolução do indicador de gestão, deve ser ele que o deve utilizar e transmitir a quem necessitar da informação;
- A informação deve ser compilada e analisada nos diversos órgãos de governo societário. Existem desvios cujas causas são alheias

aos gestores descentralizados, que requerem a adoção de políticas transversais e acima dos níveis hierárquicos onde têm o primeiro, e talvez mais o relevante, impacto.

A utilidade da análise dos desvios é questionável quando realizada de forma puramente agregada. Salvo nos casos em que tal não se revela exequível (situação que ocorre em múltiplas grandezas de base contabilística), a mensuração dos desvios pelas suas causas é um imperativo de gestão. Traduz-se na desagregação dos desvios (favorável ou desfavorável), pela sua dimensão de volume (quantidade ou eficiência) e pela sua dimensão de rendimento (preço ou taxa). Apresentamos de seguida o processo de desagregação dos desvios, aplicável de forma transversal nas situações em que a rubrica orçamental seja gerada por uma componente quantitativa (efeito de volume) e por uma componente de natureza mais qualitativa, como seja a política de preço ou de gastos/custos.

A desagregação dos desvios na abordagem anteriormente referida, centra-se na noção de *Orçamento Ajustado*, o qual traduz o ajustamento da atividade real (quantitativa) a valores teóricos, sejam eles os valores orçamentados, valores-padrão, ou mesmo valores *standard*. Assim, considerando que:

Q_R – Quantidade real; Q_P – Quantidade prevista; P_R – Preço real; P_P – Preço previsto, o desvio agregado será dado por $Q_P \times P_P - Q_R \times P_R$.

O desvio poderá ser favorável ou desfavorável, dependendo da natureza da rubrica orçamental em análise. Porém, o cálculo de um desvio neste nível de análise tem associado um poder explicativo deveras limitado, e até potencialmente enganador do ponto de vista da gestão. A desagregação do desvio pelos seus fatores de volume e de rendimento poderá ser a abordagem que se reveste de maior utilidade, sem dispensar quaisquer análises qualitativas que os controladores de gestão e os gestores venham a fazer. A desagregação dos desvios pelos dois fatores passa pela inclusão, na fórmula do desvio anteriormente apresentada, da noção de orçamento ajustado. O recurso ao artifício matemático sinalizado na equação entre parêntesis, permitirá a desagregação do desvio nas duas componentes referidas.

Assim:

$DESVIO = Q_P \times P_P - Q_R \times P_R + (Q_R \times P_P - Q_R \times P_P) \rightarrow DESVIO = Q_P \times P_P - Q_R \times P_P + Q_R \times P_P - Q_R \times P_R \rightarrow DESVIO = P_P \times (Q_P - Q_R) + Q_R \times (P_P - P_R)$

A segunda parte traduz a parcela do desvio originada pela componente de preço (Desvio de Preço) enquanto a primeira parte traduz a parcela do desvio que foi originada pela componente de volume (Desvio de volume ou de quantidade). Esta abordagem e terminologia é aplicável para efeitos do cálculo do desvio de vendas, de compras, de consumos, entre outros.

Tomemos agora as dimensões da mão de obra, ou mesmo dos gastos gerais de produção, ou ainda as grandezas associadas à função de distribuição ou administrativa, desde que integrantes das duas dimensões anteriormente referidas: volume e preço/rendimento. Consideremos a seguinte nomenclatura e apliquemos o mesmo procedimento de desagregação: H_R – Nº de horas real; H_P – Nº de horas previsto; T_R – Taxa de imputação real (*v.g.* taxa remuneratória horária real, etc.); T_P – Taxa de imputação teórica (v.g. taxa remuneratória prevista ou standard, etc.)

$DESVIO = H_P \times T_P - H_R \times T_R + (H_R \times T_P - H_R \times T_P) \rightarrow DESVIO = H_P \times T_P - H_R \times T_P + H_R \times T_P - H_R \times T_R \rightarrow DESVIO = T_P \times (H_P - H_R) + H_R \times (T_P - T_R)$

Enquanto a primeira parcela traduz a magnitude do desvio originado pela diferença de horas (desvio de volume, de eficiência, ou de produtividade), a segunda parte quantifica a parcela do desvio que foi originado pelo diferencial de taxas entre o previsto e o real (desvio de taxa).

A opção pela desagregação dos desvios deverá constituir uma decisão de gestão, analisando, em cada caso e em contexto, a sua pertinência e exequibilidade. Conscientes da utilidade que a informação desagregada possa proporcionar, estamos igualmente conscientes que para um número significativo de grandezas orçamentadas tal procedimento não se revela exequível, muitas vezes em contexto de análise custo-benefício. Para além dos desvios anteriormente identificados, não poderíamos deixar de mencionar que o efeito de carteira que se verifica em muitas organizações, resultantes da variedade de produtos que transacionam e dos múltiplos mercados em que operam. A relevância da análise ao nível do efeito de carteira (desvio de *mix*) pode assumir nestes contextos uma importância reforçada. Sublinhe-se que a análise do desvio de *mix* (ou de efeitos conjugados de diversificação de carteira) assume uma importância estratégica ao identificar tendências e maturidades de posicionamento.

Finalizamos o enquadramento teórico deste capítulo com uma abordagem às características gerais do controlo orçamental e às consequentes limitações, enquanto instrumento de controlo de gestão. Assim, são de destacar as seguintes caraterísticas:

- Baseado em Centros de Responsabilidade e nas rubricas contabilístico-financeiras;
- Evidencia os desvios, ainda que nem sempre se proceda à sua desagregação por fatores perturbadores;
- Utilizam a gestão por exceção, com recurso à fixação de intervalos de referência e/ou de limiar monetário, embora tal prática não esteja generalizada nas organizações;
- Totalmente dependente do orçamento, sem que por vezes o apuramento dos desvios tome em consideração os ajustamentos orçamentais realizados ao longo do período económico;
- Fortemente orientado para a utilização de uma linguagem fundamentalmente financeira, tendo como base fundamental os sistemas contabilísticos (contabilidade financeira e contabilidade de gestão);
- A natureza da informação é fundamentalmente interna, assente em informação de base contabilístico-financeira, tal como referido;
- Dependente da estrutura contabilística, geral ou analítica, pelo que a sua flexibilidade no tempo é limitada. Sendo uma informação muito detalhada, a sua agregação (grau de síntese) nem sempre se revela exequível num contexto de análise custo-benefício;

- A ligação do controlo orçamental aos objetivos operacionais e estratégicos, assim como aos meios para os alcançar, é deveras residual. Ainda que possa existir alguma articulação, a mesma é limitada uma vez que o controlo orçamental é fundamentalmente de base histórica e não de base prospetiva.

O controlo orçamental, pese embora a sua atualidade e utilidade, faz parte da evolução natural dos sistemas de controlo de gestão. As suas limitações intrínsecas, associadas às crescentes necessidades de informação, resultantes da maior volatilidade e incerteza dos ambientes interno e externo das organizações, impuseram alterações estruturais dos sistemas de controlo de gestão, quer na sua forma quer no seu conteúdo.

6.3. CASOS PRÁTICOS E EXERCÍCIOS

Exercício 6.01

A sociedade *Instant, S.A.* encontra-se em processo de elaborar o seu *Orçamento Anual*, o qual é secionado por trimestres (Trimestre 1 a Trimestre 4). Para efeitos de elaboração dos seus orçamentos de *Tesouraria* e *Financeiro*, o departamento de planeamento e controlo de gestão dispõe de informação financeira diversa, a qual se apresenta de seguida.

1) Vendas e Compras de Inventários (*em u.m.*):

	PMR/PMP	Trimestre 1	Trimestre 2	Trimestre 3	Trimestre 4
Vendas	30 dias	1.500.000	1.800.000	1.050.000	2.700.000
Compras	45 dias	510.000	750.000	450.000	1.200.000

As vendas e as compras de inventários são uniformes ao longo do trimestre.

2) As remunerações mensais cifram-se em 150.000 u.m., sujeitas às seguintes retenções na fonte: IRS (taxa média de 23%); TSU (taxa média de 11%). A TSU por conta da entidade patronal é de

23,75%. O subsídio de férias é processado e pago em junho de cada ano e o subsídio de Natal é processado e pago em novembro de cada ano.

3) No início do ano estavam pendentes os seguintes recebimentos e pagamentos, os quais se prevê que ocorram durante o 1º trimestre:

   a. Dívidas de clientes: 500.000 u.m.;
   b. Dívidas a fornecedores de inventários: 235.000 u.m.;
   c. Dívidas ao Estado: 50.000 u.m.

4) Ao longo do ano estão previstos os seguintes pagamentos de serviços diversos:

	Trimestre 1	Trimestre 2	Trimestre 3	Trimestre 4
Serviços Diversos	30.000 u.m.	75.000 u.m.	25.000 u.m.	75.000 u.m.

5) No início do ano a empresa espera ter em caixa e equivalentes de caixa o montante de 100.000 u.m., valor que se pretende reduzir em 50% no final do ano.

6) No âmbito da sua política de financiamento, a política da empresa é a seguinte:

   a. Utilização flutuante de conta corrente caucionada, cuja taxa de juro efetiva negociada é de 1,25% por trimestre. Os juros são calculados no final de cada período e pagos no início do trimestre seguinte;
   b. Os eventuais excessos de liquidez poderão ser aplicados em aplicações de curto prazo, cuja rendibilidade estimada é de 0,5% (taxa de juro efetiva) por trimestre. A remuneração das aplicações de tesouraria é calculada no final de cada trimestre e creditada na conta de depósitos à ordem no início do trimestre seguinte.

7) A empresa tem um empréstimo bancário de M/L prazo, cujo plano de amortização prevê o seguinte:

	Trimestre 1	Trimestre 2	Trimestre 3	Trimest
Empréstimo - Capital	75.000 u.m.	75.000 u.m.	75.000 u.m.	75.
Empréstimo - Juros	25.000 u.m.	22.500 u.m.	20.000 u.m.	17.

8) A empresa prevê alienar ativos fixos tangíveis (a pronto pagamento) cujo preço de realização estimado é de 85.000 u.m. (a ocorrer no 3º trimestre). Contudo, prevê igualmente adquirir novos ativos fixos tangíveis cujo dispêndio monetário ascende a 320.000 u.m. no 4º trimestre do ano.

Tendo por base os dados apresentados, pretende-se que apresente o *Orçamento de Tesouraria* e o *Orçamento Financeiro*, devidamente secionados por trimestres.

Orçamento de Tesouraria

Descrição	Obs.	Trimestre 1	Trimestre 2	Trimestre 3	Trimestre 4	Total
1. RECEBIMENTOS						
Vendas e Prestações de Serviços (N-1)		500 000,00	0,00	0,00	0,00	500 000,00
Vendas e Prestações de Serviços (N)	PMR: 30 DIAS	1 000 000,00	1 700 000,00	1 300 000,00	2 150 000,00	6 150 000,00
Retenções da Fonte (IRS e TSU)		153 000,00	204 000,00	153 000,00	204 000,00	714 000,00
Total Recebimentos		1 653 000,00	1 904 000,00	1 453 000,00	2 354 000,00	7 364 000,00
2. PAGAMENTOS						
Compras de exploração (Ano N-1)		235 000,00	0,00	0,00	0,00	235 000,00
Outros (Ano N-1)		50 000,00	0,00	0,00	0,00	50 000,00
Compras de exploração (Ano N)	PMP: 45 DIAS	425 000,00	880 000,00	750 000,00	1 225 000,00	3 280 000,00
Remunerações		450 000,00	600 000,00	450 000,00	600 000,00	2 100 000,00
Impostos e outras taxas		173 250,00	259 875,00	346 500,00	346 500,00	1 126 125,00
Outros serviços		30 000,00	75 000,00	25 000,00	75 000,00	205 000,00
Total dos Pagamentos		1 363 250,00	1 814 875,00	1 571 500,00	2 246 500,00	6 996 125,00
Saldo de Tesouraria		289 750,00	89 125,00	-118 500,00	107 500,00	367 875,00
Saldo de Tesouraria (Acumulado)		289 750,00	378 875,00	260 375,00	367 875,00	

Orçamento Financeiro

Descrição	Obs.	Trimestre 1	Trimestre 2	Trimestre 3	Trimestre 4	Total
1. ORIGENS DE FUNDOS						
Disponibilidades Iniciais		100 000,00	100 000,00	100 000,00	100 000,00	100 000,00
Saldos (+) de tesouraria		289 750,00	89 125,00		107 500,00	486 375,00
Financiamentos obtidos					199 990,95	199 990,95
Alienação de Aplicações Tesouraria Curto Prazo			7 426,25	127 588,38	54 735,37	189 750,00
Alienação Ativos de Investimento				85 000,00		85 000,00
Outros (juros aplicações, etc.)			948,75	911,62	273,68	2 134,05
Total Origens de Fundos		389 750,00	197 500,00	313 500,00	462 500,00	1 063 250,00
2. APLICAÇÕES DE FUNDOS						
Disponibilidades Finais		100 000,00	100 000,00	100 000,00	50 000,00	50 000,00
Saldos (-) de Tesouraria				118 500,00		118 500,00
Financiamentos Obtidos: Amortização Capital		75 000,00	75 000,00	75 000,00	75 000,00	300 000,00
Financiamentos Obtidos: Juros		25 000,00	22 500,00	20 000,00	17 500,00	85 000,00
Aplicações Financeiras Curto Prazo		189 750,00				189 750,00
Aquisição Ativos de Investimento					320 000,00	320 000,00
Total Aplicações de Fundos		389 750,00	197 500,00	313 500,00	462 500,00	1 063 250,00

Exercício 5.02

A sociedade *Amintec, S.A.* encontra-se em processo de elaborar o seu *Orçamento Anual* do ano N, o qual é secionado por quadrimestres (Q1, Q2 e Q3). Para efeitos de elaboração dos seus orçamentos de *Tesouraria* e *Financeiro*, o departamento de planeamento e controlo de gestão dispõe de informação financeira diversa, a qual se apresenta de seguida.

a) Vendas e Compras de Inventários (*em u.m.*):

	PMR/PMP	Q1	Q2	Q3
Vendas	30 dias	1.200.00 u.m.	1.800.000 u.m.	2.500.000 u.m.
Compras	45 dias	800.000 u.m.	900.000 u.m.	1.600.000 u.m.

As vendas e as compras de inventários são uniformes ao longo do período.

b) As remunerações mensais cifram-se em 100.000 u.m., sujeitas às seguintes retenções na fonte: IRS (taxa média de 25%); TSU (taxa média de 11%). A TSU por conta da entidade patronal é de 23,75%. O subsídio de férias é processado e pago em julho de cada ano e o subsídio de Natal é processado e pago em novembro de cada ano.

c) No início do ano estavam pendentes os seguintes recebimentos e pagamentos, os quais se prevê que ocorram durante o 1º quadrimestre:

a. Dívidas de clientes: 600.000 u.m.;
b. Dívidas a fornecedores de inventários: 400.000 u.m.;
c. Dívidas ao Estado: 80.000 u.m.

d) Ao longo do ano estão previstos os seguintes pagamentos de serviços diversos:

	Q1	Q2	Q3
Serviços Diversos	30.000 u.m.	75.000 u.m.	25.000 u.m.
IVA	120.000 u.m.	100.000 u.m.	150.000 u.m.

e) No início do ano a empresa espera ter em caixa e equivalentes de caixa o montante de 150.000 u.m., valor que se pretende reforçar no final do ano em 75.000 u.m..

f) No âmbito da sua política de financiamento, a política da empresa é a seguinte:

a. Utilização flutuante de conta corrente caucionada, cuja taxa de juro efetiva negociada é de 1,5% por quadrimestre. Os juros são calculados no final de cada período e pagos no início do período seguinte;
b. Caso as necessidades de financiamento sejam superiores ou iguais a 300.000 u.m., a empresa opta por avançar com um empréstimo bancário (pré aprovado), com uma taxa de juro

anual efetiva de 8,25% e por um período de 5 anos. Contudo, este financiamento só poderá ser realizado em múltiplos de 50.000 u.m.. O início da amortização de capital e dos respetivos juros ocorre no período seguinte;

c. Os eventuais excessos de liquidez poderão ser aplicados em aplicações de curto prazo, cuja rendibilidade estimada é de 0,75% (taxa de juro efetiva) por quadrimestre. A remuneração das aplicações de tesouraria é calculada no final de cada período e creditada na conta de depósitos à ordem no início do período seguinte.

g) A empresa prevê adquirir novos equipamentos, já em Q1, cujo dispêndio monetário ascende nesse período a 500.000 u.m.. Este investimento será reforçado em 150.000 u.m., em dezembro do ano N.

Tendo por base os dados apresentados, pretende-se que apresente o *Orçamento de Tesouraria* e o *Orçamento Financeiro*, devidamente secionados por trimestres.

Orçamento de Tesouraria

Descrição	Obs.	Q1	Q2	Q3	Total
1. RECEBIMENTOS					
Vendas e Prestações de Serviços (N-1)		600 000,00			600 000,00
Vendas e Prestações de Serviços (N)	PMR: 30 DIAS	800 000,00	1 650 000,00	2 325 000,00	4 775 000,00
Retenções da Fonte (IRS e TSU)		144 000,00	180 000,00	180 000,00	504 000,00
Total Recebimentos		1 544 000,00	1 830 000,00	2 505 000,00	5 879 000,00
2. PAGAMENTOS					
Fornecedores (Ano N-1)		400 000,00			400 000,00
Outros (Ano N-1)		80 000,00			80 000,00
Compras de exploração (Ano N)	PMP: 45 DIAS	600 000,00	862 500,00	1 337 500,00	2 800 000,00
Remunerações		400 000,00	500 000,00	500 000,00	1 400 000,00
Impostos e outras taxas		179 250,00	298 750,00	298 750,00	776 750,00
Outros serviços		120 000,00	100 000,00	150 000,00	370 000,00
Total Pagamentos		1 779 250,00	1 761 250,00	2 286 250,00	5 826 750,00
Saldo de Tesouraria		-235 250,00	68 750,00	218 750,00	52 250,00
Saldo de Tesouraria (Acumulado)		-235 250,00	-166 500,00	52 250,00	

Orçamento Financeiro

Descrição	Obs.	Q1	Q2	Q3	Total
1. ORIGENS DE FUNDOS					
Disponibilidades Iniciais		150 000,00			150 000,00
Saldos (+) de tesouraria			68 750,00	218 750,00	287 500,00
Financiamentos obtidos		350 000,00			350 000,00
Alienação de Aplicações Tesouraria Curto Prazo				38 186,78	38 186,78
Alienação Ativos de Investimento					0,00
Outros (juros aplicações, etc.)			110,63	379,89	490,52
Total Aplicações de Fundos		500 000,00	68 860,63	257 316,67	826 177,30
2. APLICAÇÕES DE FUNDOS					
Disponibilidades Finais				75 000,00	75 000,00
Saldos (-) de Tesouraria		235 250,00			235 250,00
Financiamentos Obtidos: Amortização Capital			23 333,33	23 333,33	46 666,67
Financiamentos Obtidos: Juros			9 625,00	8 983,33	18 608,33
Aplicações Financeiras Curto Prazo		14 750,00	35 902,30		50 652,30
Aquisição Ativos de Investimento		250 000,00		150 000,00	400 000,00
Total das Origens de Fundos		500 000,00	68 860,63	257 316,67	826 177,30

Exercício 6.03

A empresa *MundiConsult, S.A.* dedica-se a serviços de «Auditoria, Consultoria e Assistência Fiscal». No âmbito do seu sistema de Controlo de Gestão, analisa a retorno e a eficiência dos seus principais clientes tendo por base o Sistema de Custeio Direto.

A previsão de rendimentos e gastos é feita com base nas horas imputadas a cada cliente e no valor hora. O valor hora reflete os custos diretos associados aos serviços prestados, eventuais *spreads*, bem como as margens de comercialização praticadas.

Relativamente ao Orçamento para o ano N, são conhecidos os seguintes elementos:

Cliente	Rendimentos		Gastos	
	Nº de horas estimadas	Valor/Hora (médio em u.m.)	Nº de Horas Estimadas	Valor/Hora (Médio em u.m.)
A	2.304	45	2.304	30
B	432	68	432	34
C	720	38	720	20
Outros	56.000	25	56.000	20

Relativamente ao ano N, são conhecidos os seguintes elementos reais:

Cliente	Rendimentos		Gastos	
	Nº de horas estimadas	Valor/Hora (médio em u.m.)	Nº de Horas Estimadas	Valor/Hora (Médio em u.m.)
A	2.100	40	2.100	35
B	450	55	450	30
C	700	35	700	25
Outros	52.000	28	52.000	18

Com base na informação anterior, pretende-se:

a) Apure os desvios, desagregando-os por naturezas e indicando o seu sentido;
b) Apure a margem de contribuição total e por cliente.

Resolução:

MAPA DE DESVIOS

	Cliente	Desvio /(u.m.)	%	F/D	Desvio de Volume/Eficiência			Desvio de Preço/Taxa		
					u.m.	%	F/D	u.m.	%	F/D
Rendimentos	A	19.680	19	D	9.180	8,9	D	10.500	10,1	D
	B	4.626	15,7	D	1.224	4,2	F	5.850	19,9	D
	C	2.860	10,5	D	760	2,8	D	2.100	7,7	D
	Outros	56.000	4,0	F	100.000	7,1	D	156.000	11,1	F
Gastos	A	4.380	6,3	D	6.120	8,9	F	10.500	15,2	D
	B	1.188	8,1	F	612	4,2	D	1.800	12,3	F
	C	3.100	21,5	D	400	2,8	F	3.500	24,3	D
	Outros	184.000	16,4	F	80.000	7,1	F	104.000	9,3	F

F – *Favorável* ; D - *Desfavorável*

MARGEM DE CONTRIBUIÇÃO TOTAL E POR CLIENTE

Descrição	A	B	C	Outros	Total
1. Rendimentos (u.m.)	84.000	24.750	24.500	1.456.000	1.589.250
2. Gastos Diretos (u.m.)	73.500	13.500	17.500	936.000	1.040.500
3. Margem de Contribuição (u.m.)	10.500	11.250	7.000	520.000	548.750
%	14,3	83,3	40,0	55,6	34,5

Exercício 6.04

Considere a Demonstração dos Resultados Previsional parcial, preparada pela sociedade X para o primeiro trimestre do ano N+1.

RENDIMENTOS E GASTOS	1º Trimestre N+1
Vendas (Réditos)	18.000.000
Custo das mercadorias vendidas e das matérias consumidas	(10.800.000)
Fornecimentos e serviços externos	(1.300.000)
Gastos com o pessoal	(1.080.000)
Imparidades de dívidas a receber (perdas/reversões)	(900.000)
Outros rendimentos e ganhos	500.000
Outros gastos e perdas	(850.000)
Resultado antes de depreciações, gasto de financiamento e impostos	3.570.000
Depreciações e amortizações	(1.950.000)
Resultado Operacional	1.620.000

Outras informações relativas ao período em referência:

- A empresa estimou vender 120.000 unidades do único produto que comercializa a um preço unitário de 150 u.m.;
- No início do período não se prevê qualquer stock pois a produção será solicitada ao fabricante em função das encomendas;
- Os gastos com o pessoal integram uma componente fixa de 75% do valor global, sendo o restante calculado em função do número de horas gasto e da taxa teórica horária aplicada. Foram previstas para o trimestre 2.700 horas a uma taxa horária de 100 u.m.;
- Prevê-se que durante o período existam novos investimentos em ativos fixos tangíveis no valor de 800.000 u.m., aos quais está associada uma vida útil de 8 anos.

Em abril do ano N+1 foi possível apurar os resultados reais do trimestre anterior, tendo sido apresentada a seguinte demonstração dos resultados:

RENDIMENTOS E GASTOS	1º Trimestre N+1
Vendas (Réditos)	16.170.000
Custo das mercadorias vendidas e das matérias consumidas	(8.085.000)
Fornecimentos e serviços externos	(1.830.000)
Gastos com o pessoal	(948.000)
Imparidades de dívidas a receber (perdas/reversões)	(485.100)
Outros rendimentos e ganhos	454.900
Outros gastos e perdas	(1.076.800)
Resultado antes de depreciações, gasto de financiamento e impostos	4.000.000
Depreciações e amortizações	(1.430.000)
Resultado Operacional	2.380.000

Outras informações:

- Devido a constrangimentos na distribuição, apenas se venderam no período 98.000 unidades;
- A margem bruta, calculada sobre o preço de venda, observou uma evolução positiva de 5%;
- Relativamente à mão de obra (gastos com o pessoal), a componente variável resulta da aplicação de uma taxa real de 85 u.m., tendo-se despendido mais 100 horas do que o previsto;
- Os investimentos previstos para o 1º trimestre foram reafectados ao 3º trimestre do ano N+1.

Com base na informação apresentada, pretende-se que apresente um mapa resumo, no qual evidencie os desvios considerados relevantes, devidamente desagregados sempre que tal seja exequível, e com indicação do seu sentido.

Resolução:

Desvio	Orçamentado	Real	Desvio	%	Observações
Vendas (Volume)	18 000 000	14 700 000	3 300 000	18,33%	Desfavorável
Vendas (Preço)	14 700 000	16 170 000	-1 470 000	-8,17%	Favorável
Vendas (Global)	18 000 000	16 170 000	1 830 000	10,17%	Desfavorável
Custo das Vendas (Volume)	10 800 000	8 820 000	1 980 000	18,33%	Favorável
Custo das Vendas (Preço)	8 820 000	8 085 000	735 000	6,81%	Favorável
Custo das Vendas (Global)	10 800 000	8 085 000	2 715 000	25,14%	Favorável
Margem Bruta	7 200 000	8 085 000	-885 000	-12,29%	Favorável
Fornecimentos e Serviços Externos	1 300 000	1 830 000	-530 000	-40,77%	Desfavorável
Gastos com o Pessoal (Eficiência)	270 000	280 000	-10 000	-0,93%	Desfavorável
Gastos com o Pessoal (Taxa)	280 000	238 000	42 000	3,89%	Favorável
Gastos com o Pessoal (C. Fixos)	810 000	710 000	100 000	9,26%	Favorável
Gastos com o Pessoal (Global)	1 080 000	948 000	132 000	12,22%	Favorável
Imparidades em dívidas a receber	900 000	485 100	414 900	46,10%	Favorável
Outros Rendimentos e Ganhos	500 000	454 900	45 100	9,02%	Desfavorável
Outros Gastos e Perdas	850 000	1 076 800	-226 800	-26,68%	Desfavorável

Comentários:

O desvio de vendas apresenta um comportamento misto, o qual se dessegrega num desvio desfavorável (18,3%) ao nível do volume e num desvio favorável (8,1%) ao nível do preço. Relativamente ao desvio do custo das vendas, a evolução do mesmo deve ser interpretada com cuidado pois parte da favorabilidade está associada à quebra de atividade. Contudo, é de sinalizar que o custo de aquisição unitário dos inventários é inferior ao previsto em 7,5 u.m. por unidade.

Relativamente aos restantes desvios, é de assinalar uma global favorabilidade na rubrica de gastos com o pessoal, o qual contrasta com a evolução da rubrica de fornecimentos e serviços esternos. Tal situação poderá sinalizar alterações de políticas da empresa, por recurso ao *outsourcing*. Sublinha-se ainda a evolução verificada no nível de imparidades em dívidas a receber (favorável), contrastando com o desvio desfavorável verificado na rubrica de outros ganhos e perdas.

Capítulo 7
As Decisões de Investimento

A noção de *Investimento* apresenta, na literatura de gestão, uma ampla abrangência. Segundo a OCDE, equivale a utilizar num futuro próximo, recursos raros ou pelo menos limitados, na esperança de obter uma contrapartida durante um certo período, um benefício financeiro ou receita resultante da venda de um produto ou da prestação de um serviço. Para a ONU, um projeto de investimento traduz-se numa ação que permite avaliar as vantagens e desvantagens de transformar meios financeiros em bens concretos face a possibilidades alternativas de investimento. Do ponto de vista contabilístico, a noção de investimento, surge associada aos ativos não correntes de uma organização, sejam eles de natureza financeira ou não financeira. Assim, e tal como por nós evidenciado no Capítulo 2 desta obra (Figura 2.4), um ativo não corrente é aquele que não se destina a ser realizado, ou que se pretende não seja vendido ou consumido, no decurso da atividade operacional; que não seja detido com finalidades de simples negociação; e que permaneça na organização por mais do que um ciclo de exploração.

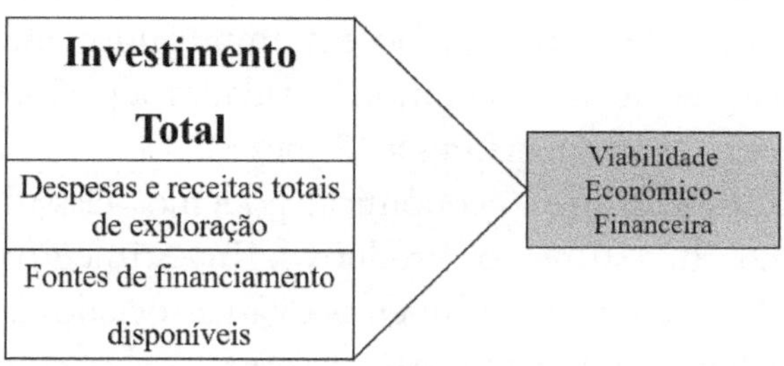

Figura 7.1 – Avaliação económico-financeira do investimento

A decisão de investir deve estar dependente, entre outros aspetos, da avaliação económico-financeira. Para além da projeção futura do retorno esperado, há que avaliar as possibilidades de financiamento. É esse processo integrado que ilustrámos na figura acima e que constitui parte integrante do processo de criação de valor, que deve estar subjacente a qualquer projeto de investimento.

7.1. TIPOLOGIA DE INVESTIMENTOS

Os investimentos podem ser diversos, dependendo da sua natureza, do seu objetivo e do risco que envolvem. A literatura de gestão é fértil nessa classificação ao enquadrar os investimentos nas mais diversificadas decisões individuais ou organizacionais. Têm como denominador comum a premissa de criar valor para o negócio e para o investidor, numa base sustentada e sustentável.

Se atendermos à sua natureza, os investimentos podem classificar-se como investimentos Corpóreos (ou tangíveis), Incorpóreos (ou intangíveis) e Financeiros. Ainda que esta classificação seja substancialmente de cariz contabilístico, está associada à noção de Ativos Não Correntes. São ativos que, não se destinando a serem realizados no âmbito do ciclo de exploração, são usados na produção de bens e serviços, ou então são detidos para fins de valorização patrimonial. São exemplos de investimentos corpóreos a aquisição ou construção de ativos tangíveis, por exemplo equipamentos, edifícios, material de transporte, entre outros. Os investimentos incorpóreos, pela sua natureza não material, são, por exemplo, a aquisição de marcas, licenças, *software*, patentes, entre outros. Finalmente, os investimentos financeiros estão associados à valorização de capital, como sejam participações no capital de outras entidades, participação em empreendimentos conjuntos, ou então aplicações de capital com maturidades superiores ao ciclo de exploração (regra geral superiores a 12 meses).

Numa classificação mais económica, podemos classificar os investimentos como: Investimento Produtivo; Investimento Obrigatório; Investimento Estratégico. Os primeiros estão associados ao processo de produção, independentemente da sua natureza corpórea ou incorpórea. São, por exemplo, os investimentos realizados no âmbito da capacidade produtiva ou na modernização da mesma. Os investimentos obrigatórios resultam, regra geral de imposição legal, e traduzem a implementação de requisitos impostos por determinações específicas. São exemplos a instalação de acessibilidades para indivíduos com mobilidade reduzida, a instalação de sistemas de deteção de incêndios, o desenvolvimento de aplicações de proteção de dados, entre muitos outros. Os investimentos estratégicos são aqueles que procuram colocar a organização num patamar de criação de valor que a diferencie dos demais concorrentes e que permitem prosseguir o seu plano estratégico. Referimo-nos, por exemplo, ao desenvolvimento de uma marca diferenciada, à aquisição de equipamentos de última geração ou à ampliação da capacidade produtiva diferenciada para fazer face a novos desafios.

Os investimentos podem também ser classificados de acordo com o nível de risco que envolvem. Porém, há que enquadrar neste contexto os conceitos de risco do negócio e risco financeiro — estando o primeiro associado à gestão de exploração da organização, enquanto o segundo surge indexado à estrutura financeira da mesma. Assim, o risco do negócio (ou económico) é influenciado pela variabilidade dos fluxos monetários que resultam da atividade operacional, sem tomar em consideração a estrutura financeira do investidor. O risco financeiro resulta da necessidade de se assumir o reembolso do endividamento, ou seja, está associado ao serviço da dívida (encargos financeiros). Desta forma, os investimentos, em função do nível de risco que envolvem, podem classificar-se em: Investimentos de substituição; Investimentos de produtividade; Investimentos de expansão; Investimentos de diversificação. Os primeiros têm como génese o aumento da capacidade produtiva da organização, sendo aqueles que normalmente apresentam menor incerteza. Os investimentos de produtividade estão associados à melhoria da eficiência produtiva, associando-se por exemplo a melhorias técnicas dos recursos já existentes. Os investimentos de expansão procuram aumentar a capacidade da empresa sem modificar a natureza dos produtos e dos serviços prestados. Normalmente, a um acréscimo de despesas corresponderá um acréscimo de receitas, ainda que normalmente não observem um comportamento proporcional. Os investimentos de diversificação são aqueles que apresentam um maior grau de incerteza ou risco, por ocorrerem em domínios não anteriormente explorados, e nos quais a organização tem um conhecimento limitado. Referimo-nos muitas vezes a decisões de integração vertical ou de integração horizontal, cujos objetivos estratégicos estão associados à necessidade de ganhar escala, ou então mitigar o risco setorial ou geográfico (mitigar o risco de concentração).

Ainda que de natureza mais residual, poderiam ser apresentadas outras classificações, embora tenham na sua génese alguma subjetividade, e até uma reduzida utilidade substancial: Investimentos independentes e dependentes (complementares ou mutuamente exclusivos); Investimentos convencionais e não convencionais; Investimentos pequenos e grandes (importância relativa do valor investido).

Independentemente da sua classificação (natureza, objetivo, risco ou outra), a decisão de investir deve requerer uma avaliação. Será a sua classificação que determinará a profundidade do estudo de avaliação, as técnicas utilizadas e os critérios de seleção.

7.2. INVESTIMENTOS FINANCEIROS E INVESTIMENTOS NÃO FINANCEIROS

Os investimentos financeiros podem representar, ou não, participações de capital. Em caso afirmativo, podem ser investimentos em empresas subsidiárias (entidade controlada por uma empresa mãe, regra geral detentora de mais de 50% dos direitos de voto da investida), em empresas associadas (entidade em que o investidor exerce influência significativa, regra geral em que este detém entre 20% e 50% dos direitos de voto), em empreendimentos conjuntamente controlados (atividade económica empreendida por dois ou mais parceiros, sujeitos a controlo conjunto nos termos contratuais), ou então participações noutras entidades (regra geral, participações inferiores a 20%). Para além das participações de capital, enquadram-se nesta tipologia de investimentos, as aplicações financeiras com maturidades superiores à duração do ciclo de exploração, convencionalmente e extensivamente de maturidade superior a 12 meses (*v.g.* depósitos a prazo, fundos de investimento, etc.).

Os investimentos não financeiros são aqueles que assumem uma natureza corpórea ou incorpórea, nos termos descritos no ponto anterior. Representam normalmente a maior parte dos ativos não correntes, por estarem intrinsecamente associados ao cumprimento do objeto social da organização. Integram o ativo económico, influenciando dessa forma a sustentabilidade económica do negócio.

7.3. AS MEDIDAS DE AVALIAÇÃO DOS INVESTIMENTOS

A avaliação dos investimentos depende da natureza do investimento, do seu objetivo e do nível de risco que envolve. Nesse sentido, são múltiplas as técnicas utilizadas, assumindo, normalmente, uma natureza complementar e não exclusiva. Referimo-nos a técnicas que permitem avaliar a rendibilidade económica do projeto e a sua capacidade em gerar *cash-flows*, sejam elas de natureza determinística ou probabilística.

Ao longo deste ponto, referenciamos apenas alguns critérios que, tradicionalmente, se aplicam à avaliação de projetos de investimento, e que assentam na noção de valor temporal do dinheiro. Estes critérios, de natureza clássica, procuram comparar os fluxos monetários gerados ao longo do tempo com os capitais investidos, servindo de simples indicadores para um processo de decisão que se requer mais estruturado e integrado.

O primeiro critério é o *Valor Atual Líquido* (VAL) ou *Net Present Value* (NPV), que corresponde à atualização de uma série de fluxos, realizada a uma determinada taxa de juro. O seu valor positivo indicia que o projeto proporciona a integral recuperação e uma adequada remuneração dos capitais próprios a investir, a cobertura dos riscos económicos e financeiros e a criação de excedentes monetários. Caso o valor seja nulo, significa que o investimento proporciona uma rendibilidade igual à do custo de oportunidade do capital. Assim, o VAL poderá ser obtido através da seguinte fórmula:

$$VAL = \sum_{n=1}^{N} \frac{CF}{(1+i)^n} - \sum_{n=1}^{N} \frac{I}{(1+i)^n}$$

ou

$$VAL=\sum_{t=0}^{n-1} I_t(1+i)^{-t}+\sum_{t=1}^{n} CF_t(1+i)^{-t}+V_r(1+i)^{-n}$$

A aplicação deste critério, traduz-se na fixação de uma taxa de atualização (i), na determinação do valor do investimento realizado de uma só vez ou de forma faseada (I_t) e na identificação e mensuração dos fluxos (CF_t). Aceitar projetos com VAL positivo garante que os detentores do capital próprio são beneficiados, ou seja, que globalmente o retorno é superior ao investimento realizado.

A *Taxa Interna de Rendibilidade* (TIR) corresponde à taxa de atualização que se obtém quando o VAL é nulo. Ou seja, corresponde à taxa máxima que pode ser exigida para efeitos de financiamento do projeto, limiar entre um VAL positivo e um VAL negativo. Assim, corresponde à determinação da taxa de juro através da seguinte fórmula:

$$0=\sum_{t=0}^{n-1} I_t(1+TIR)^{-t}+\sum_{t=1}^{n} CF_t(1+TIR)^{-t}+V_r(1+TIR)^{-n}$$

A aplicação do critério da TIR apresenta, do ponto de vista prático, algumas dificuldades pois assume que o capital recuperado é reinvestido não à taxa de referência, mas sim à taxa interna de rendibilidade, o que não se revela realista na maior parte dos casos. Isto é, o capital recuperado tende a ser remunerado à taxa de rendibilidade geral da empresa (dos seus capitais permanentes) ou à taxa de rendibilidade geral de novos projetos de investimento. Existem ainda situações em que se poderão obter diversas taxas internas de rendibilidade, para além das dificuldades existentes na comparação de projetos alternativos.

Em complemento dos dois critérios anteriormente descritos, sinalizamos igualmente o Período de Recuperação (PR) do capital investido ou *Payback Period* (PB), bem como a noção de Taxa Interna de Rendibilidade Integrada (TIRI). O primeiro traduz o prazo durante o qual os capitais investidos são recuperados, enquanto a TIRI toma em consideração a taxa interna de rendibilidade à qual os fluxos monetários gerados ao longo da vida útil do investimento, podem ser reinvestidos em outras aplicações.

$$\sum_{t=0}^{n-1} I_t (1+i)^{-t} = \sum_{t=1}^{x} CF_t (1+i)^{-t}$$

$$TIRI = \sum_{j=0}^{n} CFj\,(1+TER)^{n-j}$$

em que a TER corresponde à taxa de reinvestimento do capital.

Genericamente, podemos afirmar que criar um VAL positivo corresponde a criar valor organizacional, o que pode ser alcançado de múltiplas formas, isoladamente consideradas ou de forma conjugada: introduzir novos produtos no mercado, através de desenvolvimentos tecnológicos, criando barreiras à entrada de novos concorrentes, diferenciando os produtos atuais ou implementando inovações de natureza organizacional. Independentemente dos critérios utilizados na avaliação dos investimentos, de natureza mais clássica ou assentes na criação de valor, há que garantir a regra de equilíbrio financeiro mínimo. Ou seja, o prazo de financiamento de um investimento não deve ser superior à vida útil estimada dos ativos que sejam objeto do investimento. É a natureza dos financiamentos e a sua articulação com as decisões de investimento, que desenvolveremos no último capítulo desta obra.

7.4. CASOS PRÁTICOS E EXERCÍCIOS

Exercício 7.01

Para cada um dos investimentos identificados na tabela, classifique-os quanto à sua natureza [Corpóreo (*Tangível*); Incorpóreo (*Intangível*); Financeiro).

Nº	Descrição	Classificação		
		Corpóreo	Incorpóreo	Financeiro
1	Participação de 40% em empresa associada			X
2	Aquisição de marca comercial		X	
3	Aquisição de propriedade para arrendamento	X		
4	Depósito bancário com maturidade de 36 meses			X
5	Aquisição de equipamentos industriais	X		
6	Atribuição de *slot*, por parte do regulador do transporte aéreo		X	
7	Edifício em construção para instalação dos armazéns de produtos acabados	X		
8	*Goodwill* obtido na aquisição de 80% da sociedade B		X	
9	Aquisição de coleção de selos da 1.ª metade do séc. XX		X	
10	Aquisição de viatura em regime de locação	X		

Exercício 7.02

A sociedade *Alfa, S.A.*, no âmbito da sua estratégia de expansão e integração vertical, adquiriu 40% do capital da sociedade *Beta, S.A.*. Na data da aquisição, os justos valores dos ativos e passivos da sociedade investida, eram os que se apresentam na tabela seguinte:

Ativos/Passivos	Valor Contabilístico	Justo Valor
Ativos Não Correntes	1.300.000 u.m.	1.100.000 u.m.
Dívidas a receber de clientes	800.000 u.m.	700.000 u.m.
Outros ativos correntes	200.000 u.m.	200.000 u.m.
Passivos Não Correntes	700.000 u.m.	750.000 u.m.
Dívidas a pagar a fornecedores	250.000 u.m.	250.000 u.m.
Outros passivos correntes	180.000 u.m.	220.000 u.m.

Refira-se à natureza do investimento e ao valor do mesmo, tendo por base dois cenários distintos: C_1 – Aquisição da participação por 400.000 u.m.; C_2 – Aquisição da participação por 250.000 u.m..

Resolução:

Numa primeira análise, trata-se de um investimento financeiro numa empresa associada (existência de influência significativa) pois a participação é igual ou superior a 20% e inferior a 50%. Em cada um dos casos, o valor do investimento é determinado através dos justos valores dos ativos e passivos da entidade participada, o que se traduz num investimento financeiro de 312.000 u.m. (780.000 u.m. x 40%).

Contudo, há que analisar a transação em cada um dos cenários, tendo em conta o *exfluxo* monetário ocorrido em cada um deles.

C_1 – Uma vez que o valor pago pela sociedade *Alfa, S.A.* é superior ao valor do investimento financeiro, estamos perante o reconhecimento de um ativo intangível, em particular um *Goodwill* no valor de 88.000 u.m.. Este ativo está associado à expectativa de existirem benefícios económicos futuros, pelo que a sua natureza incorpórea o enquadra nos Ativos Intangíveis.

C_2 – Contrariamente ao observado no cenário anterior, o valor pago pela sociedade *Alfa, S.A.* é inferior ao valor do investimento financeiro. Neste caso, estamos perante um *Negative Goodwill*, o qual não traduz um investimento intangível, mas sim um ganho do período.

Exercício 7.03

A sociedade *NewAge, S.A.* pretende efetuar um investimento produtivo no valor de 2 milhões de u.m., integralmente realizado de uma só vez, no início do ano N. De acordo com as projeções de mercado, efetuou uma estimativa dos fluxos de caixa operacionais, numa base anual, até ao ano N+8. Para efeitos de atualização de capitais, considerou uma taxa anual de 5%, tendo por base as previsões macroeconómicas disponíveis.

Os fluxos de caixa operacionais estimados são:

INVESTIMENTO (Início Ano N)	-2 000 000
Cash Flow (Ano N)	-200 000
Cash Flow (Ano N+1)	-180 000
Cash Flow (Ano N+2)	100 000
Cash Flow (Ano N+3)	200 000
Cash Flow (Ano N+4)	450 000
Cash Flow (Ano N+5)	500 000
Cash Flow (Ano N+6)	700 000
Cash Flow (Ano N+7)	1 200 000
Cash Flow (Ano N+8)	1 200 000

Tendo por base os critérios clássicos, efetue uma apreciação crítica ao investimento produtivo proposto pela *NewAge, S.A.*.

Resolução:

Os critérios clássicos são o Valor Atual Líquido (VAL), a Taxa Interna de Rendibilidade (TIR) e o Período de Recuperação (PR). Apresentamos de seguida os três critérios, tendo-se recorrido à utilização de folha de cálculo na sua determinação.

VAL = 672.468,66 u.m.
TIR = 9,0832%
PR = Aprox. 8 anos (considerando os fluxos de caixa operacionais atualizados)

O investimento é de aceitar uma vez que o seu VAL é positivo, embora possa ser questionável o seu interesse global, atendendo ao longo prazo de recuperação do mesmo. A taxa de rendibilidade do investimento é de aprox. 9%, o que traduz a taxa máxima a que o investimento deve ser financiado. Para além destes critérios, consideramos ser pertinente que seja tomada em consideração a vida económica dos ativos que são objeto de investimento, para além de uma análise de cenários em que sejam introduzidas variáveis macroeconómica de natureza probabilística.

Exercício 7.04

A sociedade *NewAge, S.A.* tem agora três alternativas para investir os seus 1.500.000 u.m., que tem disponíveis. Pretende investir na aquisição de novas marcas, sendo as alternativas independentes e mutuamente exclusivas. A taxa de atualização utilizada é de 4% ao ano.

	A	B	C
INVESTIMENTO (Ano 1)	-1 500 000	-1 500 000	-1 500 000
Ano 1	-100 000	-150 000	-200 000
Ano 2	500 000	50 000	120 000
Ano 3	500 000	400 000	350 000
Ano 4	500 000	800 000	800 000
Ano 5	500 000	900 000	900 000
Ano 6	500 000	900 000	1 200 000

Com base nos elementos disponíveis, comente a viabilidade económica dos projetos e diga qual a melhor opção para a empresa *NewAge, S.A.*.

Resolução:

A informação disponível permitiu calcular, com recurso a folha de cálculo, os seguintes critérios de decisão: Valor Atual Líquido, Taxa Interna de Rendibilidade e Período de Recuperação. São esses indicadores que apresentamos na tabela seguinte.

VAL	523 216,68	858 131,16	1 059 368,23
TIR	12,3774%	14,4335%	16,0595%
PR	4 anos 7 meses	4 anos 9 meses	4 anos 9 meses

A análise permite concluir que o prazo de recuperação do investimento não é fator diferenciador, pelo que a decisão deve recair sobre os restantes critérios. Assim, a alternativa C é aquela que se revela mais vantajosa por apresentar um valor atual mais elevado e uma taxa interna de rendibilidade superior.

Sublinhamos que a análise financeira de um projeto de investimento não se resume à análise numérica das previsões apresentadas, mas fundamentalmente à análise dos pressupostos subjacentes a essas previsões. Em contextos de incerteza, e quanto maior o risco associado ao projeto em causa, maior ponderação se deve ter na escolha da melhor alternativa a seguir. Nesse sentido, é desejável que quaisquer análises sejam de natureza transversal, conjugando aspetos qualitativos e aspetos quantitativos, preferencialmente introduzindo variáveis de natureza probabilística como sejam, a título de exemplo, incrementos na taxa de juro utilizada ou períodos de recessão ou expansão económica que se afigurem previsíveis.

Capítulo 8
As Opções de Financiamento

Uma decisão de investimento tem associada, regra geral, uma decisão de financiamento, seja através de capitais próprios ou de capitais alheios. Integrando o orçamento financeiro, tal como evidenciado no Capítulo 6, a escolha do financiamento deve ter como base a tipologia de investimento a realizar ou, no caso de se tratar de um financiamento à atividade em geral, se o objeto desse investimento tem uma natureza pontual (cíclica) ou estrutural. É no âmbito deste conjunto de asserções que a opção por financiamentos de médio e longo prazo, em detrimento de financiamentos de curto prazo, ou vice-versa, tem a sua pertinência, acuidade e relevância.

O ciclo de financiamento está associado às origens de fundos, indispensáveis ao desenvolvimento e manutenção da atividade económica das organizações, assim como à implementação da sua política de investimentos. De uma forma sustentada, a identificação de adequadas fontes de financiamento faz parte integrante do processo de planeamento das organizações. Estas fontes de financiamento poderão ter como origens, o capital alheio ou o capital próprio. Incluímos também os subsídios atribuídos à entidade, por constituírem origens de fundos externas cujo objetivo é financiar, normalmente de natureza não reembolsável, a aquisição ou desenvolvimento de um ativo não corrente ou o apoio à atividade no seu todo.

8.1. FONTES DE FINANCIAMENTO DE CURTO PRAZO

As fontes de financiamento de curto prazo estão fundamentalmente orientadas para colmatar situações de natureza não estrutural, não recorrente, dir-se-ia até de natureza pontual ou cíclica (motivadas por eventuais défices de liquidez). Procuram mitigar distorções associadas ao ciclo de exploração, pelo que a organização poderá recorrer ao efeito conjugado de diversas fontes de financiamento. Ainda que, regra geral, mais onerosas, têm a vantagem de não comprometer a empresa no longo prazo ao nível do endividamento. Ou seja, a fonte de financiamento deve estar ajustada à duração da vida útil do ativo financiado ou à temporalidade previsível da situação que se pretende colmatar.

Recorrendo a instituições bancárias, o empréstimo de curto prazo e o descoberto bancário (utilização de contas correntes caucionadas) são as opções mais comuns. Financiam operações cujo tempo de realização seja de curto prazo, embora as instituições bancárias apenas concedam este tipo de crédito a alguns clientes. A avaliação do risco desses clientes é uma peça fundamental para que se possa prosseguir por esta via. Tem normalmente um limite de crédito associado, assumindo muitas vezes a forma de conta corrente caucionada. Os juros associados à sua utilização são, regra geral, calculados diariamente.

Outra transação financeira que se reveste a forma de financiamento de curto prazo é o *Factoring*, atividade regulada em Portugal pelo Decreto-Lei n.º 171/95, de 18 de julho. Trata-se de uma operação em que a entidade vende (com recurso[1] ou sem recurso[2]) a uma sociedade de *factoring*, os créditos que detém sobre os seus clientes. Outra transação que pode ser entendida como uma operação de financiamento de curto prazo é o *Confirming* (*Reverse Factoring*). Neste caso, a sociedade financeira efetua os pagamentos aos fornecedores da entidade cliente, assumindo a transação uma natureza de adiantamento a fornecedores. Contudo, os custos inerentes à antecipação do pagamento são da responsabilidade do fornecedor. As vantagens com esta transação estão associadas fundamentalmente à gestão administrativa dos processos,

---

[1] Neste caso, os créditos cedidos ao *fator* e não pagos pelo devedor regressarão à entidade cedente. Os benefícios imediatos deste tipo de transação são o serviço de gestão e cobrança dos créditos bem como o financiamento imediato (no caso em que se tenha optado pela antecipação dos fundos), muito similar ao desconto de letra.

[2] Este caso diverge do anterior na medida em que o *fator* assume os riscos de insolvência e/ou de incumprimento por parte do devedor. Trata-se por isso de uma operação mais onerosa para a entidade cedente dos créditos face ao risco que a mesma envolve.

à capacidade de negociação e otimização da cadeia comercial e à obtenção de liquidez imediata para financiamento de transações de curto prazo.

Ainda que se possam colocar questões de natureza ética, a gestão do ciclo de caixa pode ser uma opção ao nível da gestão da tesouraria. Ou seja, a opção por dilatar o prazo médio de pagamentos pode otimizar a gestão de tesouraria, mas também pode colocar em causa condições contratuais previamente acordadas, culminando teoricamente no cancelamento de fornecimentos ou quebra de acordos comerciais. O que procuramos dizer é que a extensão deliberada e unilateral dos prazos médios de pagamento pode conduzir a incumprimentos que condicionam a normal atividade da empresa, para além os aspetos reputacionais que tal situação possa fazer emergir. Contudo, não deixamos de sinalizar que um ciclo de caixa equilibrado pressupõe que o prazo médio de recebimentos seja inferior ao prazo médio de pagamentos, com a amplitude que cumpra os acordos comerciais estabelecidos, que não coloque a organização em situações de incumprimento, e que respeite os inerentes princípios éticos. Neste cenário, a organização consegue receber dos seus clientes e reinvestir os meios monetários nas restantes variáveis do ciclo operacional.

Finalmente, não poderíamos deixar de referir a importância dos subsídios e apoios governamentais, aplicáveis à exploração, sob forma de financiamento. Estes apoios, independentemente de serem ou não reembolsáveis, são concedidos para assegurar uma rendibilidade mínima ou compensar déficits de exploração de um dado período. São normalmente apresentados na demonstração dos resultados, no período em que são atribuídos, exceto no caso de terem uma amplitude plurianual ou então se apenas aplicáveis a períodos futuros.

8.2. FONTES DE FINANCIAMENTO DE LONGO PRAZO

O financiamento de longo prazo, normalmente associado ao financiamento de ativos não correntes, ou com o objetivo de colmatar insuficiências de liquidez de natureza estrutural, pode revestir-se das mais diversas modalidades: Autofinanciamento; Financiamento em capital próprio; Financiamento em capital de risco; Financiamento em capitais alheios; Locações; Incentivos financeiros ao investimento. São estas as modalidades que desenvolveremos de seguida.

O Autofinanciamento está genericamente associado à retenção de resultados, o que se traduz indiretamente pela retenção de meios financeiros líquidos (pela não atribuição e não pagamento de dividendos), contribuindo para assegurar a manutenção do capital físico (capacidade produtiva) e do capital financeiro (capacidade de solver compromissos), assim como para a sustentabilidade da empresa. Assim, as reservas, em conjunto com os resultados transitados, correspondem ao capital adquirido pela entidade. Têm como objetivo dar à entidade e aos seus credores uma medida adicional de proteção dos efeitos de perdas. A criação de reservas obrigatórias é imposta pela legislação comercial ou em alguns casos pelos estatutos da própria entidade. A assembleia-geral da entidade poderá sempre deliberar a constituição de reservas facultativas (reservas livres), as quais são igualmente relevadas no capital próprio. A reserva legal a constituir deve, para as sociedades anónimas, corresponder a uma percentagem não inferior à vigésima parte dos lucros da sociedade até que aquela represente a quinta parte do capital social. No contrato de sociedade podem fixar-se uma percentagem e montante mínimo mais elevados para a reserva legal (n.º 1 do artigo 295.º do CSC).

Ainda no âmbito do financiamento em capital próprio, sinalizamos os aumentos de capital por constituírem a forma mais direta de injetar meios monetários na organização, cuja origem está associada aos atuais detentores do capital ou então a novos investidores. Por exemplo, a emissão de novas ações corresponde ao lançamento (incluindo divulgação) ao público-alvo do número de títulos emitidos e demais condições de emissão, podendo haver lugar a subscrição pública (artigo 279.º do CSC). A subscrição corresponde ao compromisso assumido pelos potenciais titulares do capital em virem a entregar à sociedade os valores necessários à constituição do capital social. Após a subscrição, e caso o número de ações subscritas seja superior ao número de ações emitidas, haverá lugar a rateio. Esta transação implica a devolução aos subscritores dos eventuais valores pagos em excesso. Pode ainda acontecer que a subscrição seja incompleta, situação em que o número de ações subscritas é inferior ao número de ações emitidas. Neste caso, deverá ser observado o estipulado no artigo 280.º do CSC, destacando-se o facto de ser dever dos promotores «requerer o cancelamento do registo provisório e publicar um anúncio em que informem os subscritores de que devem levantar as suas entradas. Segundo anúncio deve ser publicado, decorrido um mês, se, entretanto, não tiverem sido levantadas todas as entradas». Importa ainda referir que as entradas de capital poderão ser realizadas em dinheiro ou em espécie, sendo neste último caso necessária a emissão de um relatório elaborado por um revisor oficial de contas (ROC) que não tenha interesses na sociedade e que seja designado por deliberação dos sócios. Nesta deliberação não poderão votar os sócios que pretendam efetuar as entradas em bens (artigo 28.º CSC).

Em sede de capital próprio, podemos ainda identificar outras variações patrimoniais positivas que, ainda que indiretamente e desde que devidamente enquadradas, podem configurar formas de financiamento, ou pelo menos de aumentar o valor patrimonial da empresa. São elas as revalorizações de ativos fixos tangíveis e intangíveis, a não atribuição de resultados por parte de empresas subsidiárias e associadas, as doações, ou outras variações positivas no capital próprio.

O financiamento com recurso a capital de risco é outra opção pois, através de uma sociedade com este objeto social, que passa a participar no capital da empresa, procura-se a oportunidade de investimento capaz de gerar valor e de proporcionar rendibilidade económica. São entidades que investem por períodos de tempo limitados, ainda que numa perspetiva de longo prazo (normalmente períodos que não excedem em média os 5 a 7 anos), e que assumem sempre posições minoritárias. O regime jurídico deste tipo de sociedades está regulado pela Lei n.º 18/2015 de 4 de março, que transpõe parcialmente as Diretivas n.os 2011/61/UE, do Parlamento Europeu e do Conselho, de 8 de junho, e 2013/14/UE, do Parlamento Europeu e do Conselho, de 21 de maio, que asseguram a execução, na ordem jurídica interna, dos Regulamentos (UE) n.os 345/2013 e 346/2013, do Parlamento Europeu e do Conselho, de 17 de abril, e procede à revisão do regime aplicável ao exercício da atividade de investimento em capital de risco.

Os financiamentos obtidos através de instituições de crédito e outras sociedades financeiras representam a principal origem de fundos, para qualquer organização, em sede de capital alheio de longo prazo. Incluem-se também neste âmbito o financiamento proveniente dos mercados de capitais ou os empréstimos concedidos pelos atuais detentores do capital (suprimentos). Relativamente aos financiamentos bancários, as maturidades destas opções permitem que as mesmas sejam relativamente menos onerosas, embora comprometam a empresa no longo prazo. É nesse sentido que referimos que esta opção deve estar associada ao financiamento de ativos não correntes, de acordo com a sua vida útil estimada, ou então para colmatar problemas estruturais de liquidez.

A designação genérica de *Mercado de Valores Mobiliários* (MVM) refere-se ao mercado financeiro onde são transacionados diversos produtos relacionados com valores mobiliários (*v.g.* ações, obrigações) e instrumentos financeiros derivados. Várias são as entidades que podem emitir obrigações (sociedades anónimas, sociedades por quotas, o Estado, as autarquias locais, as cooperativas, entre outros), no âmbito da legislação que lhe seja aplicável. No caso particular das sociedades anónimas, e nos termos previstos no artigo 348.º do CSC, as sociedades anónimas podem emitir valores mobiliários que, numa mesma emissão, conferem direitos de crédito iguais e que se denominam obrigações. Contudo, esta possibilidade está dependente da inteira liberação do capital social ou então de, pelo menos, estarem colocados em mora todos os acionistas que não hajam liberado oportunamente as suas ações. De acordo com o mesmo código «[...] podem, nomeadamente, ser emitidas obrigações que:

a) Além de conferirem aos seus titulares o direito a um juro fixo, os habilitem a um juro suplementar ou a um prémio de reembolso, quer fixo quer dependente dos lucros realizados pela sociedade;
b) Apresentem juro e plano de reembolso, dependentes e variáveis em função dos lucros;
c) Sejam convertíveis em ações.
d) Confiram o direito a subscrever uma ou várias ações;
e) Apresentem prémios de emissão [...]».

A emissão de obrigações é suportada por uma deliberação do órgão de gestão, devendo ser observadas as formalidades previstas nos artigos 349.º e seguintes do CSC. Nesta fase, são identificadas as condições em que a emissão vai ser efetuada, nomeadamente a identificação do montante global do empréstimo, o valor nominal e o preço de emissão (emissão ao par, acima do par ou abaixo do par), a taxa de juro associada, entre outras informações relevantes. De notar que as condições referidas são sujeitas a aprovação por parte da CMVM. Tal como nas ações, a subscrição corresponde ao reconhecimento da responsabilidade de entregar, ao emitente, os meios financeiros líquidos em troca das referidas obrigações. A fase de liberação, ou de realização, corresponde à entrega dos valores monetários ao emitente. O reembolso corresponde à fase de amortização das obrigações, que ocorre normalmente pelo recurso a sorteio.

Outra forma de financiamento em sede de capital alheio, e numa perspetiva de longo prazo, são os Suprimentos, que correspondem à celebração de um contrato pelo qual o sócio empresta à sociedade dinheiro ou outra coisa fungível, ficando a sociedade obrigada a restituir outro tanto do mesmo género e qualidade, ou pelo qual o sócio convenciona com a sociedade o diferimento do vencimento de créditos seus sobre ela, desde que, em qualquer dos casos, o crédito tenha caráter de permanência, considerando-se para este efeito um prazo superior a um ano (artigo 243.º CSC).

Uma locação financeira é um acordo pelo qual o locador transfere ao locatário, substancialmente, todos os riscos e vantagens inerentes à posse de um ativo. O título de propriedade pode ou não ser eventualmente transferido. Tendo por base a prevalência da substância sobre a forma, os ativos adquiridos em locação financeira, devem ser reconhecidos no ativo da entidade, registando-se ao longo do período de locação as respetivas rendas periódicas. Neste caso, o ativo será depreciado nos mesmos moldes que outro ativo fixo tangível e desreconhecido nos moldes aplicáveis aos restantes investimentos. De acordo com o normativo aplicável, no começo do prazo de locação, os locatários devem reconhecer as locações financeiras como ativos e passivos nos seus balanços por quantias iguais ao justo valor da propriedade locada ou, se inferior, ao valor presente dos pagamentos mínimos da locação, cada um determinado no início da locação. A taxa de desconto a usar no cálculo do valor presente dos pagamentos mínimos da locação é a taxa de juro implícita na locação, se for praticável determinar essa taxa; se não for, deve ser usada a taxa incremental de financiamento do locatário. Quaisquer custos diretos iniciais do locatário são adicionados à quantia reconhecida como ativo.

Ainda que não exista um total consenso sobre o assunto, é nosso particular entendimento que deve ser seguido tratamento similar para os ativos adquiridos através de outras opções de financiamento, nomeadamente o aluguer de longa duração (ALD) e até, em certos casos, o *renting*[3] (ou opção de financiamento equivalente). Não podíamos deixar de particularizar o caso específico do *leaseback*, transação pela qual uma entidade vende, equipamentos ou edifícios, a uma sociedade de leasing que, por sua vez, os aluga ou arrenda ao vendedor, reconhecendo-se em simultâneo a possibilidade de exercer a opção de compra no final do período de locação.

Finalmente, referimo-nos aos subsídios e apoios governamentais (auxílios financeiros do Estado e fundos estruturais) que têm como objeto o financiamento de um ativo não corrente (designados genericamente por subsídios ao investimento) ou então o financiamento da atividade em base plurianual. Este tipo de apoios, mesmos que as condições de acessibilidade, estabeleçam a necessidade do seu reembolso, constituem fontes de financiamento de longo prazo, contribuindo para a modernização e criação de valor das organizações, impacto que só será efetivado no longo prazo, fundamentalmente ao nível da sua sustentabilidade económica.

8.3. A SOFISTICAÇÃO DAS FONTES DE FINANCIAMENTO

A evolução das fontes de financiamento está intrinsecamente associada à evolução das economias, ao desenvolvimento dos mercados de

[3] Trata-se de uma opção que permite aos seus clientes, sejam particulares ou empresas, a utilização de ativos, em regime de aluguer, através da qual o cliente, além de dispor desse ativo, tem acesso a um conjunto de serviços relacionados com o funcionamento do mesmo (seguros, manutenção, limpeza, entre outros), mediante o pagamento de uma renda mensal. Contudo, tem sido tratado como locação operacional, reconhecendo-se as rendas periódicas na demonstração dos resultados.

capitais, bem como às asserções emanadas do sistema jurídico de cada país. Historicamente, países cujo sistema jurídico assenta no direito comum (*Common Law*) tiveram tendência para privilegiar o financiamento em capital próprio, ao invés de países cuja génese jurídica assenta no direito romano, tiveram tendência para optar pelo financiamento em capital alheio. Porém, os efeitos da globalização e a própria evolução e sofisticação dos mercados de capitais, tem vindo gradualmente a alterar o que historicamente era uma tendência, para optarem atualmente por uma panóplia de opções, as quais de forma integrada possam mitigar o risco das organizações.

A opção pelo financiamento em capital alheio parecer ser, do ponto de vista financeiro, uma opção mais onerosa, a qual exige normalmente a existência de colaterais, seja de natureza real ou pessoal. Os encargos associados a estas opções de financiamento estão diretamente refletidos nas demonstrações financeiras que integram o relato financeiro de uma organização. Contrariamente aos encargos associados ao financiamento em capital alheio, não são reconhecidos contabilisticamente os custos de oportunidade subjacentes ao financiamento em sede de capital próprio, situação que apenas é refletida em alguns indicadores de criação de valor, como sejam o EVA (*Economic Value Added*) ou a MCR (*Margem de Contribuição Residual*).

São múltiplas as opções de financiamento que foram surgindo ao longo das últimas décadas e que se foram tornando gradualmente mais complexas. Enquadramos também neste contexto, todas as opções de microcrédito, capazes de proporcionar aos empreendedores as bases para poderem iniciar o seu negócio. Porém, a sofisticação das opções de financiamento, associada à revolução ocorrida nos conceitos de tempo e de espaço, determinaram que fossem exponenciados os níveis de risco. Emergiram outras opções, que constituíram uma verdadeira disrupção, das quais destacamos as fontes de financiamento de natureza colaborativa. Referimo-nos fundamentalmente ao *Crowdfunding*, enquanto forma de financiamento coletivo, embora com risco demasiado elevado caso não se esteja perante um produto ou um serviço de qualidade, uma boa estratégia de marketing e investidores de confiança.

As decisões de investimento e de financiamento emergem no contexto dos negócios como uma relação biunívoca (Figura 8.1). Uma oportunidade de negócio, independentemente da sua amplitude e abrangência, requer a elaboração de um plano de investimento e de um plano de financiamento.

Figura 8.1 – A decisão de investimento e as fontes de financiamento

O plano de investimento consiste, sumariamente, em prever as despesas a realizar ao longo de determinado período, a identificação das necessidades em fundo de maneio, acrescentando-se também a previsão dos fluxos monetários a libertar por esse investimento (retorno do investimento). Será essa previsão que determinará a escolha das fontes de financiamento que melhor se adequem à tipologia do investimento a realizar

Sinalizamos, por fim, a evolução verificada na atividade financeira no contexto global, cujas instituições bancárias e parabancárias devem estar preparadas para responder a novos e complexos desafios. Sublinha-se o papel que os órgãos de regulação terão no acompanhamento das mais diversas exigências, nomeadamente ao nível da transformação digital. Toda esta desregulamentação e mudança aceleradas nas tecnologias, em conjugação com as alterações que ocorrem ao nível da psicologia do investidor, levam a que as instituições procurem saber de forma proativa, não apenas aspetos relacionados com a rendibilidade, solvabilidade e liquidez, mas também aspetos associados à sustentabilidade da instituição e ao seu enquadramento em matérias prudenciais (*v.g.* regras emanadas dos designados acordos de Basileia).

8.4. CASOS PRÁTICOS E EXERCÍCIOS

Exercício 8.01

Para cada um dos financiamentos subjacentes às operações identificados na tabela, classifique-os quanto à sua origem [Capital Próprio; Capital Alheio (*Passivo*)].

Nº	Descrição	Classificação	
		Capital Próprio	Capital Alheio
1	Aumento de capital social com prémio de emissão	X	
2	Aquisição de viatura em regime de locação financeira		X
3	Descoberto bancário		X
4	Subsídio reembolsável		X
5	Contrato de suprimento		X
6	Empréstimo bancário com maturidade de 10 anos		X
7	Prestações acessórias	X	
8	Constituição de reservas	X	
9	Celebração de contrato de *leaseback*		X
10	Desconto de títulos de crédito		X
11	Conta corrente caucionada		X
12	Retenção de lucros do período	X	
13	Emissão de obrigações		X
14	Crowdfunding		X

Exercício 8.02

A sociedade *AlémTejo, S.A.* está integrada num grupo empresarial que de dedica a atividades de verão, principalmente junto da costa portuguesa. Tem por isso uma atividade altamente sazonal pelo que o principal período de atividade ocorre entre os meses de maio e outubro.

Esta sociedade foi constituída há 10 anos, com um capital social de 500.000 euros, tendo a sua atividade vindo a crescer significativamente desde a data da sua constituição. O volume de negócios do último período económico cifrou-se em 1.500.000 u.m., sendo a sua rendibilidade dos capitais próprios de cerca de 29,5%. Contudo, todos os anos se têm verificado problemas de liquidez, principalmente durante o primeiro trimestre de cada ano. Esta situação tem sido colmatada através da retenção de resultados, embora os atuais sócios pretendam explorar outras opções de financiamento.

Pretende-se que, face à situação descrita, aponte quais as alternativas de financiamento que mais se ajustariam à realidade da empresa.

Resolução:

A situação descrita indicia que a sociedade *AlémTejo, S.A.* apresenta de forma cíclica um problema de liquidez imediata (meios disponíveis líquidos), que lhe permita solver os seus compromissos de curto prazo, nomeadamente durante o 1° trimestre de cada ano. Referimo-nos, com alguma segurança, ao pagamento das despesas com o pessoal e demais custos fixos que permitam manter a atividade, ainda que em níveis previsivelmente reduzidos.

Face à natureza da necessidade de financiamento, a opção deveria recair primariamente sobre um financiamento de curto prazo, nomeadamente a negociação com uma instituição financeira de uma conta corrente de utilização flutuante (*v.g.* descoberto bancário; Conta corrente caucionada). Embora mais onerosa que as opções de natureza mais estrutural (*v.g.* empréstimos bancários), a utilização de uma opção que implique a utilização flutuante, leva a que a empresa apenas utilize os fundos necessários ao estrito cumprimento dos compromissos financeiros de natureza periódica.

Contudo, e uma vez que a insuficiência de liquidez se repete no tempo, não será de excluir a constituição de reservas próprias de meios financeiros líquidos que permitam responder de forma adequada durante os períodos de escassez monetária. Tal situação, poderá passar por alterações na política de distribuição de dividendos anual e pelo consequente reinvestimento dos excedentes em períodos que não sejam críticos. Ao nível da atividade, e porque presumimos que os investimentos devem ser realizados durante os períodos de menor atividade, sugere-se a renegociação, nos casos em que tal seja exequível, dos prazos de pagamento desses investimentos e das opções de financiamento que melhor se adequem aos mesmos.

Exercício 8.03

Da empresa *DelDouro, S.A.* conhecem-se as seguintes informações:

1. Informação sobre o capital próprio a 31 de dezembro do ano N-1:

Capital próprio	Valor (em u.m.)
Capital subscrito	400.000
Resultados transitados	-40.000
Resultado líquido do período	55.000
Total do capital próprio	415.000

2. Em 31 de março do ano N, a assembleia geral aprovou as contas do ano anterior e deliberou aprovar a seguinte proposta de aplicação dos lucros do ano N-1:

   i) Cobertura de prejuízos de anos anteriores.
   ii) Constituição/reforço da reserva legal pelo montante mínimo exigido por lei (*Código das Sociedades Comerciais*).
   iii) Distribuição de dividendos no montante de 6.000 u.m.
   iv) O remanescente do resultado líquido do período será afeto à constituição de reservas livres.

Pede-se que, para além de determinar o valor do montante mínimo anual legalmente exigido para constituição/reforço da reserva legal e da indicação do valor dos resultados que seriam distribuíveis, comente de que forma a deliberação sobre a aplicação dos resultados constitui uma fonte de financiamento.

Resolução:

A empresa *DelDouro, S.A.* deve constituir reserva legal equivalente a 5% do Resultado Líquido do Período (após a cobertura de prejuízos) até atingir 20% do Capital Subscrito (Capital Social). Assim:

55.000 u.m. - 40.000 u.m. =15.000 u.m. (Valor disponível após cobertura de prejuízos); 15.000 u.m. * 0,05 = 750 u.m. (Reforço da reserva legal do ano N).; Limite = 400.000 u.m. * 0,20 = 80.000 u.m. (*No pressuposto que o capital social se mantém inalterado*).

Os resultados distribuíveis ascendem a 14.250 (55.000 - 40.000 - 750).

A deliberação sobre a aplicação de resultados constitui, em si mesmo, uma forma de autofinanciamento. Nos casos em que a opção não inclui a distribuição de dividendos, a constituição de reservas (*v.g.* Legais; Estatutárias; Livres) ou a inclusão do lucro do período em resultados transitados, traduz-se na retenção desses resultados, não originando uma saída de recursos monetários (exfluxo). Porém, tal opção pode defraudar as expectativas do investidor, nomeadamente no que respeita ao custo de oportunidade do capital investido, pelo que a opção não deve ser tomada numa base continuada. Excetuam-se os casos em que a empresa apresenta problemas estruturais, devendo nesse caso ser ponderadas outras opções, nomeadamente o recurso a um aumento de capital, a opção por um empréstimo de maturidade alargada, ou mesmo, e nos casos possíveis, a emissão de um empréstimo obrigacionista.

Exercício 8.04

A sociedade *Altex, S.A.* pretende adquirir um ativo fixo tangível, com recurso à opção de *Leasing*. O valor do ativo é de 60.000 u.m., pretendendo que no final do contrato possa exercer a opção de compra pelo valor residual de 2%. As rendas terão uma periodicidade trimestral, sendo o prazo do contrato de 36 meses. A taxa de juro efetiva trimestral, para esta opção de locação financeira, é de 1,95%.

Pretende-se que elabore o plano financeiro desta opção, sublinhado as principais vantagens e desvantagens que possam estar associadas a esta alternativa de financiamento.

Resolução:

A renda periódica é dada pela seguinte fórmula: $V_C - V_R{\star}(1+t)^{-n})/[1-(1+t)^{-n} / t]$, em que V_C – *Valor do Contrato*; V_R – *Valor Residual*; t – *Taxa de juro*; n – *Número de rendas periódicas.*

No caso concreto, estamos perante um contrato de leasing que prevê a opção de compra por 1.200 u.m., correspondente a 2% do valor do ativo objeto de locação. A renda periódica trimestral postecipadas é de 5.566,44 u.m., tal como ilustrado no plano financeiro que se apresenta de seguida.

Período	Capital Dívida Início Período	Renda Mensal	Amortização de Capital	Juros Mensais	Capital Dívida Final Período
0					60 000
1	60 000	5 566	4 396	1 170	55 604
2	55 604	5 566	4 482	1 084	51 121
3	51 121	5 566	4 570	997	46 552
4	46 552	5 566	4 659	908	41 893
5	41 893	5 566	4 750	817	37 144
6	37 144	5 566	4 842	724	32 301
7	32 301	5 566	4 937	630	27 365
8	27 365	5 566	5 033	534	22 332
9	22 332	5 566	5 131	435	17 201
10	17 201	5 566	5 231	335	11 970
11	11 970	5 566	5 333	233	6 637
12	6 637	5 566	5 437	129	1 200

A opção pela locação financeira deve ser ponderada no contexto de alternativas similares, ainda que de enquadramento legislativo diferenciado, nomeadamente o Aluguer de Longa Duração (ALD) e o *Renting*. Contudo, a locação financeira apresenta como vantagens, a possibilidade de financiamento integral do ativo, a facilidade de contratação, os benefícios fiscais que daí possam advir, para além de poder ser uma opção mais vantajosa face ao crédito bancário tradicional. Contudo, normalmente estão associadas a esta opção elevadas comissões, tendo consequências bastante pesadas em caso de incumprimento. É de sublinhar que, nesta opção, existe reserva de propriedade do ativo locado, durante o período em que se mantiver o financiamento.

Importa ainda referir que o prazo de financiamento, tal como já referido neste capítulo, não deve ser superior ao período de vida útil do ativo objeto de transação, sob pena de originar desequilíbrios entre o ativo económico e as fontes de financiamento associadas a esse ativo.

Exercício 8.05

A sociedade *Jestalman, S.A.* apresenta, relativamente aos últimos dois períodos económicos, os seguintes indicadores de gestão.

Indicador de desempenho (KPI)	N	N-1	Variação
Rendibilidade dos Capitais Próprios	-74,19%	-59,55%	-24,58%
Rendibilidade Económica (Alavanca económica)	-1,28%	-3,19%	-59,87%
Rotação do Ativo Económico	0,67	4,13	-83,78%
Alavanca Financeira	-683,17%	-572,28%	-19,38%
Efeito dos Encargos Financeiros	-200,12%	-123,97%	-61,43%
Estrutura do Financiamento	12,72	23,27	-45,34%
Liquidez Geral	0,50	0,75	-33,33%
Liquidez Reduzida	0,25	0,55	-54,55%
Liquidez Imediata	0,03	0,07	-57,14%

Face à informação apresentada, efetue uma apreciação crítica e refira quais as fontes de financiamento mais adequadas para que os indicadores de gestão possam ter uma evolução mais favorável.

Resolução:

Os indicadores de performance da sociedade *Jestalman, S.A.* indiciam problemas de sustentabilidade severos, não só a nível financeiro como a nível económico. Para além do agravamento significativo ao nível da rendibilidade dos capitais próprios (efeito integrado), a empresa evidencia uma rendibilidade económica negativa, o que se traduz em deficiências severas ao nível da gestão da margem bruta e da eficiência do ativo económico, ou mesmo num eventual esgotamento do seu objeto social.

A nível de alavanca financeira, a empresa encontra-se altamente endividada em capital alheio (passivo), presumivelmente em financiamentos bancários, atendendo ao peso dos encargos financeiros. Em complemento, os níveis de liquidez, reforçando a debilidade económica e financeira, encontram-se em níveis críticos, pelo que se recomendam medidas e opções de natureza estrutural. Enquadramos nessas medidas, preferencialmente de forma cumulativa, a reestruturação dos financiamentos de longo prazo (negociação das condições comerciais, dilatação das maturidades), bem como a decisão de um financiamento em capital próprio, mais concretamente um aumento de capital (com eventuais prémios de emissão) por parte dos atuais ou potenciais acionistas. Caso existam financiamentos de curto prazo, os mesmos devem ser transformados em financiamentos de longo prazo, não apenas pela natureza onerosa dos mesmos, mas também pela incapacidade em cumprir com as condições que lhes são intrínsecas.

Neste caso particular, sinalizamos que estamos perante um cenário complexo que poderá indiciar uma situação de insolvência, pelo que o acesso a fontes de financiamento em sede de capital alheio será deveras limitado. Assim sendo, e caso o objeto social o justifique, a opção deverá recair sobre a emissão de instrumentos de capital próprio, nomeadamente a emissão de novas ações.

NOTAS FINAIS

Ao longo das últimas quase três décadas, foram múltiplos os momentos de partilha de conhecimento com profissionais cuja formação académica de base está longe dos domínios científicos da gestão empresarial, em particular das finanças e da contabilidade. Foram esses momentos, dentro e fora da academia, que ditaram a génese e o ponto de partida para a elaboração desta obra. Procurámos, ao longo destes oito capítulos, evidenciar os principais pilares que norteiam a perspetiva financeira das organizações, a importância da informação financeira de gestão e os seus subsequentes impactos nas decisões operacionais, de investimento e de financiamento. Assim, estabelecer um quadro conceitual de base, de natureza económico-financeira, que possa ser transversal a indivíduos cuja formação de base está dispersa por outros domínios do conhecimento, é também um mecanismo de reduzir a assimetria da informação. Ainda que de forma extensiva, a linguagem e a estruturação que incutimos ao longo dos oito capítulos, contribuirá certamente para um discurso mais informado, mais consistente e certamente mais oportuno.

As notas finais de qualquer obra devem sinalizar, talvez em jeito de reflexão pessoal, o valor acrescentado que a mesma possa ter na aprendizagem e estruturação do pensamento dos seus destinatários, mas também as eventuais pontes que possam emergir em domínios colaterais e complementares. Constituiu, na nossa perspetiva, o primeiro projeto pessoal destinado a profissionais que, em determinando momento do seu percurso, ganharam interesse e aceitaram um novo desafio nos domínios da contabilidade e das finanças. A todos eles, que sistematicamente nos motivaram a abraçar e a desenvolver este projeto, aqui fica o nosso profundo agradecimento. Porém, ao concluir este projeto, ocorre-nos recorrentemente o pensamento de Lya Luft, na sua obra *Pensar é Transgredir*, sobre as razões de escrever, sobre o sentido e a profundidade da palavra escrita, sobre as razões de continuar a dizer sim a novos projetos: «Porque programamos o nosso próprio destino a cada vez que, num tímido murmúrio ou num grande grito, dizemos a nós próprios: Sim!».

REFERÊNCIAS

ALVES, V. S.; RIBEIRO, C.; FARINHA, J.; ALVES, R. (2019). *Cálculo Financeiro Aplicado*, Lisboa: Edições Almedina.

FRANCO, C.; MORAIS, A. I.; OLIVEIRA, A. V.; MAJOR, M. J.; SERRASQUEIRO, R.; JESUS, M. A.; OLIVEIRA, B. J. (2007). *Gestão Orçamental e Medidas de Avaliação do Desempenho*, Lisboa: Livros Horizonte.

GONZÁLEZ, A. F. S.; PASCUAL, J. L. (2015). *Economia e Gestão Bancária*, Lisboa: Universidade Católica Editora.

HIGGINS, R. C. (2018). *Analysis for Financial Performance*, 12th Edition, New York: McGraw-Hill/Irwin.

LOPES, I. T. (2013). *A Gestão do Capital intelectual e dos Intangíveis na Era do Conhecimento*, Lisboa: Escolar Editora.

LOPES, I. T. (2022). *Contabilidade Financeira: Teoria e Prática*, Coimbra: Editora D'Ideias.

LOPES, I. T. (2019). *Controlo de Gestão: Uma Visão Integrada do Desempenho Empresarial,* Coimbra: Conjuntura Actual Editora.

LOPES, I. T. (2021). *Contabilidade Financeira: Exercícios Resolvidos e Propostos*, 3.ª Edição, Coimbra: Edições Almedina.

LOPES, I. T. (2022). *Auditoria Financeira: Do Controlo Interno ao Controlo Externo Independente*, 2.ª Edição, Coimbra: Edições Almedina.

LUFT, L. (2004). *Pensar é Transgredir*, Queluz de Baixo: Editorial Presença.

ZWEIG, S. (2014). *O Mundo de Ontem: recordações de um europeu*, 2ª Edição, Porto: Assírio & Alvim.